JN189672

おんなたちは鬼になる

消費者運動、原発、平和

富山洋子 TOMIYAMA YOKO
神田浩史 KANDA HIROSHI

解放出版社

こんな本です

京都にロシナンテ社という小さな小さな会社があります。『月刊むすぶ』（旧誌名「月刊地域闘争」）というマイナーな雑誌を出すことを生業としています。この雑誌は1970年創刊。当時、この国は公害列島と言われていました。経済成長を追求するために全国に工場が立ち並び噴煙をあげていました。

そして深刻な環境破壊が進んでいました。水俣病や四日市ぜんそくなど、健康被害が続発していました。各地の住民は徒手空拳で立ち上がりました。あちこちに住民運動が始まりました。

そんな運動体のネットワークとして『月刊地域闘争』は誕生したのです。この雑誌を発行し続けるためにロシナンテ社は設立されました。私はそんな会社で働いてきました。本当に儲からない会社です。

この会社、図体は小さいですが、かなりのネットワークを築き上げてきました。環境問題から健康、医療、子育てなどから人権問題と本当に広大な裾野を持っています。

そんなロシナンテ社と同時期に産声を上げたのが日本消費者連盟です。竹内直一さんという元農林省の高級官僚が、個人加盟の市民運動団体を立ち上げたんです。戦後、所得の増加に伴って市民社会が形作られていきます。当然、消費者という存在もクローズアップされてきます。そんな社会背景のもと、日本消費者連盟はその活動を始めるのです。

創設者・竹内さんのあと、運営委員長として日消連を引っぱっていったのが、富山洋子さんです。私が日消連にお付き合いさせていただきだしたのは１９９０年ころからです。当時、いろんな集会で『月刊地域闘争』、『月刊むすぶ』を販売していました。そんな現場でよくご一緒したのが富山さんや事務局長の水原博子さんでした。合成洗剤追放全国連絡会の大会では、いつもお世話になっていました。

そのころ、日消連が出すＡ５判　50～80頁　５００～８００円程度のブックレットは飛ぶように売れていました。

そのうち、日消連が参加できない大会で委託販売をさせていただき、結構助けられたことも懐かしい思い出です。

そんな富山さん、３・11原発事故後、ご自身の中にため込んだ思いを文章にして発信してきました。それをまとめたのがこの書です。

戦後、とりわけ１９７０年代以降の市民運動の現場を日本消費者連盟という現場に身を置いてきた人だからこそ言える、そんな内容です。是非、ご購読をよろしくお願いします。

しかたさとし

〈目次〉

第１章　～福島原発事故、足尾鉱毒、そして……

原発事故の責任を問う！

２０１３年9月9日、東京地検は、東京電力福島第1原発の事故に関して、当時の東電幹部ら42人の責任を問う告訴・告発に対し、42人全員を不起訴処分にした。

「福島原発告訴団」は、２０１２年３月16日に、いわき市で結成集会を開き、6月11日、１３２４人の福島県民が第1次告訴・告発状を福島地検に提出、8月1日に受理された。２次提出は、２０１２年11月15日、1万３２６２人の人々が全国から名を連ねた。

以後告訴団は、福島地検・東京地検に対し、上申書の提出、10万９０００筆を超える「厳正な捜査と起訴を求める」署名の提出、地検に向けての要請・激励行動などを展開してきた。

しかし、地検は強制捜査をしないばかりか、この告訴・告発の不起訴を発表する直前に、東京地検へ移送した。それ故、検察が不起訴と判断した妥当性を問う検察審査会への申し立ては、東京で行わざるを得なくなり、福島県民が審査する機会は奪い取られてしまった。

２０２０年のオリンピックの東京開催の決定が、華々しく報道されている最中でのこの不起訴の発表は、お祭り気分の盛り上がりのなかで、福島の現状を雨散霧消させてしまうことを意図していたのではないか。

２０１３年９月７日に開かれた国際オリンピック委員会の総会で、安倍首相は、この間、隠しきれなくなった福島第１原発の破壊による放射能汚染水の問題について、「汚染水の影響は原発専用構内で完全にブロックされている」と表明し、10日の記者会見では、この汚染水問題は、政府の責任で対応する考えを重ねて強調した。

しかし、東京新聞（２０１３年９月11日付朝刊）によれば、９日の会見で、９月７日の首相の発言に関して、東京電力の今泉典之原子力・立地本部長代理は、「首相の発言趣旨を、経済産業省資源エネルギー庁に確認したことを明らかにした」上で、「１〜４号機の取水口などにはシルトフェンスと呼ばれる薄い幕が張られているものの、港湾内の海水は毎日半分入れ替わり、放射性物質の流失は完全には止められない」と明言。だが同庁は、『外洋への影響が少ないという点では、（首相）と同じような認識』と苦しい答えに終始した」と報道されている。

９月13日には、東京電力の山下和彦フェローが、福島県郡山市で開かれた民主党の原発事故に関する対策本部の会合で、福島第１原発の汚染水の問題は、「今の状態はコントロールできているとは思わない」と表明しているという。

ところが、菅義偉官房長官は記者会見で、山下フェローの発言は、「貯水タンクからの汚染水漏れなど個々の事象は発生しているという認識を示したものだ」と、苦しまぎれの説明をし、「放射性物質の影響は発電所の港湾内にとどまっている」と強調した。そして東電も、13日午後、菅官房長官の会見内容と同様のコメントを発表した（2013年9月14日付東京新聞朝刊）。

福島第1原発からの放射能汚染水の海洋流出について言えば、事故直後の2011年4月2日には、2号機取水口付近から高濃度の汚染水の流出が判明していた。同月4日には、東電は低濃度とは言え、汚染水を海に放出。5月11日には、3号機取水口付近から高濃度汚染水の海洋流出が明らかになっていたのだ。

原子炉建屋及びタービン建屋内に滞留する放射能汚染水については、すでに、事故直後から専門家はもとより市民がその危険性を指摘し、緊急の対策を迫っていたのだ。

企業犯罪を繰り返す東電

東京電力と共に脱原発をめざす会（※1）でも、事故直後から東京電力と放射能汚染水について、粘り強くやりとりをしてきているが、当初、東電からは、地下水の平均速度は年間1・5m程度なので海に出るまでに10年くらいは余裕があるとの説明があったという。その暢気（のんき）、かつ無責任な構えに怒りが込みあげてくるが、汚染水は、かなり早くから海に達し、漏洩が続いているのが実情である。

コントロールされてきていたのは、放射能汚染水ではなく、放射能汚染水についての情報ではないか。安倍首相は隠しようのない事実を嘘で固め、官房長官はその上塗りをし、東電も渡りに舟と、それに追随したわけだ。

※1　東京電力と共に脱原発をめざす会：1988年9月発足以降、東京電力に対し、粘り強い交渉を持続していた。当時の代表は東井玲さん（故人）。

東京電力が海洋流出を認めた汚染水については、2013年6月3日に、2号機東側の既設井戸から50万ベクレルのトリチウム、1000ベクレルのストロンチウムが検出されたのを発端として、その兆候が現れ、7月8日には、汚染水の海洋漏洩防止のための地盤改良工事が着工されていた。7月10日には、原子力規制委員会が「海洋拡散が強く疑われる」との見解を出していたが、東京電力が汚染水の海洋流失を認めたのは7月22日。この日は、参議院議員選挙の投票日の翌日だった。

規制委員会には7月18日に報告していたというが、これらの事態の発表のずれは、情報操作以外のなにものでもない。

また、東京電力は、8月27日の原子力規制委員会の作業部会で、福島第1原発で、原子炉を冷やした後の高濃度の放射能汚染した処理水の漏出事故に関し、発覚の1ヵ月以上前にあたる7月以降、問題のタンク群の近くで作業していた人の被曝線量が通常より高いなど、漏洩を窺わせる兆候があったことを明らかにした。この時点で汚染水漏れを疑い、チェックを強化していれば、大量の漏れは回避できた可能性があり、働く人の被曝の拡大も避けられたはずだ。

原子力規制委員会は、この漏水事故を、原子力事故の国際評価尺度（INES）でレベル3（重大な異常事象）に引き上げたが、菅義偉官房長官は「五輪の東京招致には影響ないと考えている」と述べた。東京招致委員会の竹田恒和理事長（当時）は、開催都市決定の投票権を持つ国際オリンピック委員会の委員に「東京は全く影響を受けていない」などと訴える手紙を送った。これらのことから、福島原発事故に関わる問題は、福島という地域だけに閉じこめておきたいという原発推進側の魂胆が、ありありと窺える。福島という地域、そこに暮らさざるを得ない人々は疎外された。もっと言えば棄民されたのだ。

9月3日には、福島県民が「汚染水漏れは東電の犯罪」だと、新たに汚染水問題に焦点をあてて、東電と広瀬直己社長ら幹部（当時）を「公害犯罪処罰法違反容疑」で告発した。

告発者は、2016年、東電幹部らを「業務上過失致死傷容疑」で訴えた「福島原発告訴団」団長の武藤類子さんを初めとする3人である。

東北に鬼が生まれた

武藤さんは、2011年9月に明治公園で開かれた「さようなら原発5万人集会」のスピーカーの一人として登場され、その心情を「東北の鬼となって」と表現された。『原子力資料情報室通信』（№465）への武藤さんの寄稿によれば、その集会で自らの心情をどう表現すればよいかと考えていた時、かつて見た躍動する鬼剣舞（おにけんばい）の姿がよぎり、「その剣舞の型に沿って抑制された動きに、美しさと自由さ、そして熟成されたエネルギーと迫力」を感じたという。

福島の原発震災後の茫然とした時期を過ぎると、武藤さんには、猛烈な怒りが込み上げてきた。その怒りは、「悲しみと悔恨と絶望が入り交じった複雑な怒り」であったのだ。
焚き火や薪ストーブの火は、初めは、表面を燃やす炎は濃い赤で激しく動き回るが熾(お)きが出来てくると静かに舐めるような明るい朱色の炎となり、クライマックスを迎えると中心は光の玉を抱いたように白くなり、武藤さんは白く美しい熟成した火を見るのだった。

鬼剣舞の出立ちは面を被り頭に「毛采(けざい)」という馬の尻尾で作ったタテガミを載せ、腕には鎖帷子(くさりかたびら)、白足袋に草履ばき、腰には小さな子どもの浴衣が掛けられている。

日本の「オニ」は、悪から神までの多様な現れ方をしていると考察されているが（※2）、鬼剣舞で被る面は恐ろしい形相ではあるが 不動明王などの仏の化身であると伝えられ、角がない。武藤さんは、古に鬼と恐れられた人々もまた、「仏ではないまでも、幸せや安寧を願う人々であったかもしれ」ないと述べている。

福島の人たちは、原発震災以降、ただ怒りに身を任せてきたのではなく、「調べ、学び、自分を省み、助け合い、声を上げ」てきた。武藤さんは「ますます困難を極める福島の中で冷静さと明晰さを持ち、熟成した熾火のような怒りを、生きる尊厳を奪うもの、生命を蔑がしろにするものに対して怒りをぶつけて行かなければ」と決意を表明し、「それが何ものかを見極めながら、虐げられるばかりでなく、豊かな森に育まれた自由な心を持つ東北の民として」と、その寄稿を結んでいる。

私は、武藤さんの「東北の鬼になって」という表現に「まつろわぬ民」を想起した。権力（者）にまつろわぬ民は、反逆者として阻碍され、退治されてきた史実があるが、

※2 鬼：日本の鬼は、悪から神まで、非常に多様な現れ方をしている。例えば、馬場あき子は鬼を以下の5種類に分類している。
①民族学上の鬼で祖霊や地霊。②山岳宗教系、山伏系の鬼。例、天狗。③仏教系の鬼。例、邪鬼、羅刹。④人鬼系の鬼。例、盗賊や凶悪な無用者。⑤怨恨や憤怒によって鬼に変身した変身系の鬼。

私は、それに屈せずに、権力の歴史の枠外で生き抜いた人々を「鬼」と捉えたい。

不動明王は、悪魔を打ちのめすために恐ろしい姿となり、全ての障害を打ち砕き人々を仏道に導いたという。鬼剣舞を舞う人々の出立ちは、不動明王のエネルギーを体して、子孫を守り抜こうとしている表象ではないだろうか。

第2章　民衆には抗うという生き方がある
～田中正造

田中正造という鬼一匹

鬼剣舞独特の歩行には、修験道の鎮魂の呪術の一つ「反閇（へんばい）」があると言われている。陰陽道で用いられる呪術的歩行のひとつで、「大地を踏み悪魔を踏み鎮め、場の気を整えて清浄にする目的で行われる舞」の要素と、念仏によって怨霊を往生させて災厄を防ぐという浄土教由来の信仰的要素がみられるとの解説もある。

鬼剣舞は、現在重要文化財に指定されている15の舞のひとつであるが、他の舞にも、風土に生きる人々の願いや意志が込められているのではないだろうか。それら大地を踏み締めて生きている人々の願いや意志は、しばしば、時の権力によって踏み潰されてきているが、人々は唯々諾々と手を拱（こまね）いてきたわけではない。

100年余り前には、古河鉱業が経営する足尾銅山公害と、それを擁護する政府に対して果敢に闘った人々がいた。

足尾銅山の鉱毒問題は、1877年明治政府が、この銅山を古河市兵衛に貸与したことに端を発した。

１８９０年８月、渡良瀬川に大洪水が起こり、足尾銅山による鉱毒問題が顕在化した。同年７月の第１回総選挙により衆議院議員に当選した田中正造は、数え年で50歳だった。翌年の１８９１年、第２帝国議会において、初めて足尾銅山鉱毒問題に関する質問書を提出したが、政府はどんなに催促しても会期中には答弁せず、答弁書は議会の解散後発表された。１８９２年３月末より、ようやく政府・行政ルートによって被害民と銅山との示談が推進されたが、１８９４年になると、会社はこれを永久示談(※３)に切り替えることに狂奔した。

しかし、１８９６年９月の渡良瀬川の大洪水で鉱毒が更に拡大し、対策がなされていないことが判明すると、被害農民側は示談契約書を根拠に再度交渉を行った。

鉱毒水の大氾濫に襲われた人々は、被害民大会を開いた。当初の被害者は、主として渡良瀬川の鉱毒汚染のために漁ができなくなった漁民であったが、鉱毒の拡大により、被害地区域は、１府５県１市20郡２区２５１ヵ町村、戸数11万９３３１戸、人口51万７３４３人、反別は、10万４５３町歩余に達したという。

田中正造は被害民と共に足尾銅山鉱業停止運動を開始。議会で鉱毒事件について、くり返し政府に質問した。１８９７年３月18日、政府は、「被害人民と鉱業人」との間に示談契約が結ばれたから、鉱毒問題は結着したと読める答弁書を発表。３月24日、これをよしとしない被害民は、第２回大挙請願行動（押し出し）を決行。同日、足尾銅山鉱毒調査会が官制発表。５月24日、足尾鉱業主に対する鉱毒予防命令が出る。しかし、１８９８年９月の洪水の時も、渡良瀬川の鉱毒水が川沿いの一帯を浸した。す

※３　公害問題で結ばれることが多い契約。「以後この件については、本人はもとより子孫にわたっても抗議しない」という条項が入っている「示談契約」で、わずかばかりの補償金と引き換えに将来における一切の権利を封ずる非人道的な契約。

でに草刈り場さえも不毛の地となり、桑も竹も立木も枯れていくのだった。

9月26日の朝早く、雲龍寺（※4）に集まってきたおよそ1万の農民たちは、3回目の押し出しを決行。押し出しは途中で憲兵や警官に追い散らされ、目的の東京に着く頃には人数が減っていくのが常であった。この時も野宿をして、同月28日、東京府下淵江村に入った時は、2400〜2500人になっていたという。この状況は、風邪気味で東京の旅館で横になっていた田中正造のもとに、立て続きの電報で知らされ、田中は、28日早朝、人力車で淵江村に駆けつけた。そこには、騎馬憲兵隊や警官が農民たちを待ち構えていた。

田中は、死ぬ覚悟で村をでてきた農民たちと保木間氷川神社で出会い、切々と訴えた。このまま東京へ押し出せば怪我人もでる。必ず鉱毒の有り様は政府に伝える。政府が対策を怠ったら国会で追及するだけでなく、農民たちと共に行動する。二度とはとどめない。今日は、命を正造に暫く預けて、代表を残して引きとって下さらぬかと――。

淵江村では村長坂田正助と村会議員らが、上京途中で騎馬憲兵や騎馬警官に阻止・排除された被害農民に炊き出しを行い、彼等と共に「保木間の誓い」と称されている田中の演説を涙を浮かべて聴いた。立ちはだかった警官や憲兵も涙をこらえきれなかったと語り継がれている。

※4　この寺は、栃木・群馬・埼玉・茨城の4県連合の鉱業停止請願事務所になっていた。

民衆は生きる　だから正造も闘う

しかし、被害の状況は悪化の一途を辿り、１９００年2月、第4回の押し出しが決行された。被害農民は、町村費国庫補助、憲法による生命保護など多様な請願運動を展開したが、大部分は県や郡の段階で却下され、事態は一向に好転しなかったのだ。

そして、この押し出しは、利根川北岸の川俣で、警官隊の大弾圧を受けた。68人が兇徒嘯集（しょうしゅう）罪などで予審に付され、うち51人が起訴された。

田中正造は、翌１９０1年10月、衆議院議員を辞し、12月、天皇への直訴を敢行。警官に取り押さえられたが、一夜拘留されただけで、「正気の沙汰ではない」として釈放された。

だが、この件と先の川俣事件により、足尾銅山の鉱毒問題は、一挙に大きな社会問題となり、府下の学生が大挙して鉱毒被害地を視察。その前後には大道演説が盛り上がった。その結果、１９０2年3月には、内閣の鉱毒調査委員会が設置されたが、田中正造は、この年の6月に入獄している。１９００年12月、前橋地方裁判所での兇徒嘯集事件公判廷に於いて、立会検事の冷酷無比な論告に立腹した田中が大あくびしたのが、官吏侮辱罪に問われ有罪となったのだ。獄中では新約聖書を通読した。新訳聖書の教えは、田中のその後の生き様に大きな影響を与えたと言われている。同年9月には、関東大洪水。12月には、兇徒嘯集事件が宮城控訴院で検事の起訴は無効とされ、被害農民は釈放された。この以外な結末は、世論をこれ以上刺激しないようにとの権力側の思惑が働いたからではないかと思う。
1903年6月、政府は、衆議院議員井上甚太郎他1名が提出した鉱毒に関する質問に対する答弁書の別冊の形で、足尾銅山に関する調査報告書を議会で公表。これは、渡良瀬川下流に遊水池を設置する計画の伏線だったのだ。

豊かな村を襲った近代化

谷中村は、堤防の村だった。『田中正造の生涯』（林竹二著　講談社発行　1976年7月第1刷発行、1983年10月第15刷発行）では、田中正造とともに闘った田中の愛弟子だった島田宗三が語っている次のような言葉が紹介されている。

谷中村は、栃木県の南端、群馬・埼玉・茨城三県の県境にある。草創は文明年間（1469〜80年）で、その後寛永年間（1624〜43年）にはじめて堤防が築かれたと伝えられている。明治三十七年買収着手当時は、土地千二百町歩、戸数四百五十、人口二千七百を算し、そのうち約千町歩の土地と三百八十の世帯は、周囲約三里半の堤防と約一里の高台を以て囲まれ、地勢平坦、渡良瀬川は、村の西南を流れていた。

東北には思川、巴波（うずま）川のふたつの川、西北には赤麻沼を控えていたが、たまたま洪水があれば山間の肥土が流れ込むので、無肥料で作物が倒れるばかりに繁茂し、その上漁獲の収入も多く、実に豊かな村であった。

谷中村は、しばしば洪水に襲われていたが、堤防が破れても洪水は肥沃な土を運んできた。だが、足尾銅山の操業によって状況は一変した。1898年(明治30年)頃から谷中村周辺は、洪水が目に見えて増加してきた。これは政府が鉱毒の流下を防ぐため、千葉県関宿で江戸川の河口を狭めて底を埋め、利根川からの逆流口を拡大したからである。

近世の治水事業は、しばしば瀬替えという方法が取られていたのだが、それは、いずれも主に河道をつけ替えることであり、利根川のように流域を替え、河口を別の地域に設けた瀬替えは、類を見なかったという。

島田宗三によれば、谷中村は江戸時代の文明年間に開かれ、その後150年ほど経た寛永年間に堤防が築かれたという。堤防が築かれた時期は、利根川の治水工事(瀬替え工事)の第2次工事が始まった頃である。この工事は6次に及び、その結果、徳川幕府に大きなメリットをもたらした(※5)。しかし、洪水の負担を転嫁され、水との苦闘を強いられた地域が生じた。それは、主要な支流の合流地点に集中的に作りだされた遊水地帯の一角の北川辺領である。北川辺領と今の大利根町の大部分は、かつては地続きのひとつの川辺領だったのが、新川通りの掘削によって、北の半分が北川

※5 『風土 大地と人間の歴史』(玉城哲・旗手勲著 平凡社 1981年5月初版発行)によれば、徳川幕府へのメリットとして、第一に、江戸に対する洪水の圧力が著しく低減したこと、第二に、武蔵国東部の沖積平野が洪水の氾濫から免れ、安定した水田地帯として開発されたに至ったこと、第三には、江戸を中心にした舟運のための水路網を形成することに成功したことを挙げ、利根川を銚子河口に通じさせたことの軍事的意義を指摘する説もあるが、列記した三点に比べれば、「利根川瀬替えという大工事の推進動機としては薄弱であり、この大事業の持っている客観的意義という点からも、前三者とは比較にならないと言わざるを得ない」と捉えられている。

辺領となり、南半分が川辺領となった。北川辺領は、この時から南を利根川、東と北を渡良瀬川、西を谷田川で囲まれた「輪中」の村になった。この地域を囲んでいた谷中村・藤岡町・古川市なども また、洪水が多かった。遊水化の技術もまた、利根川の瀬替え工事に端を発している。

鬼怒川・小貝川の合流点付近にも事実上の遊水地帯があった。それらの地域では、農民の水との苦闘が宿命化していたが、一方では、権力がもたらした水との闘いは、風土を守るための地域に根づいた自治を培ったのではないだろうか。その自治から産み出された知恵や労働こそが、洪水を天与に変えていく基盤になったのではないだろうか。

田中正造は、治水は水を治めることではなく水理を治めることだとの持論を持っていた。1910年の関東大洪水の際には、この持論に自信を得て、広く関東各河川の調査を始め、治水問題への取り組みを深めた。その治水論中に以下のような文章がある

昔は人民洪水を祝す

既往三十五六年前までは、渡良瀬川に天災なし。水源山々は徳川氏の植付一百年の森林にて、山沢は昼なお暗きまでに繁り、山間の渓流まで数種の魚類棲みたり。たまたま大雨あれば、樹下落葉肥土随時に流れ出で田園を培えり。魚介は繁殖す、さればこれを名付けて天与と言い、ために洪水を祝せり。云々

堤防は三年に一度程度は破れたとは言え、人々は賑やかに集い、打ち揃って破れた堤防を修復したのだろう。

渡良瀬川流域の谷中村が、いかに豊かな風土を形成していたかは、先に紹介した島田宗三も述べているが、それを、過去形で語らざるを得なかった口惜しさが、ひたひたと伝わってくるようだ。

富国強兵、それは民を搾り取ること

足尾銅山からの鉱毒は、地域住民の自治によって豊かに培われた谷中村を改変させた。水源地の森林は枯死し、渡良瀬川は、死の川と化した。谷中村周辺に毒水を侵入させる度重なる洪水は、前述のように、まさに政府がもたらした人災である。

この人災は、田中正造がいう水理にもとる工事の結果であるが、1898年から始まった利根川・渡良瀬川の治水計画の方向性は決まっていた。それは谷中村を「瀦水池」にし、谷中村を足尾銅山の鉱毒の沈殿池とする目論みだった。

足尾銅山の鉱毒問題は、治水問題にすり変えられたのだ。鉱毒の被害に喘いでいる人々を谷中村から追い出し、谷中村を亡きものにしようとした政府の悪巧みは着々と進められ、栃木県もその悪巧みに与した。

このあくどいやり方は、足尾鉱毒事件を世に訴えるために是非書いて欲しいと田中から依頼されていた荒畑寒村が、１９０７年6月、土地収用法による谷中村の強制破壊の事態に接して一気に書きあげた『谷中村滅亡史』(岩波文庫・１９９９年5月第1刷発行、２０１２年2月第4刷発行）や先に紹介した『田中正造の生涯』に詳しい。

１９０３年、政府は、鉱毒調査委員会の調査報告書を発表し、谷中村瀦水池案が浮上。１９０４年7月、田中正造は谷中村に入った。同年12月堤防修築費の名目で、谷中村買収案が栃木県会（秘密会）を通過。同年には日露戦争が始まり、谷中村からも働き盛りの男たちが、兵士として戦場に駆り立てられ、殺し殺されることを強要された。日露戦争は、足尾銅山の銅で作られた武器で戦われ、谷中村はそこからの鉱毒を沈殿する池と成り果てた。戦場から九死に一生を得て帰還した人々の故郷は、母国日本の「国策」によって滅ぼされてしまっていた。

１９０２年の関東大洪水のあと、栃木県による谷中村買収の企てが進められてきたのだが、埼玉県でも谷中村に沿った渡良瀬川を隔てた隣村、川辺、利島両村を買収する計画があった。谷中村とこの二つの村を瀦水池にした時に、ようやく治水の目的に叶った広さになるという計画だったのだ。この二つの村の堤防もまた１９０２年の洪水によって破れたが、谷中村と同様に決壊したままで放置されていた。両村は、田中正造指導のもと１９０２年10月、村民大会を開き、県に対して次のような決議を突きつけた。

1、県庁が提防を築かないなら、我々村民の手で築く。2、その代わり、国家に対する納税、兵役の義務を負わない。

川辺、利島の人々は、みずからの風土を守るために、国家に対峙した。

私は、両村の人々のこの見事な構えを知った時、国民学校の4年生の修身の授業での記憶が蘇ってきた。国民の3つの義務とは何かと教師に問われ、納税の義務、兵役の義務、教育を受ける義務であると答えて教師に褒められた。戦争は厭だったのに、良い子ぶって模範回答した苦い記憶である。

当時の子どもたちは自立・自律して生きるための教育を権利として受けるのではなく、義務として、戦争を推し進める国家に役立つ大人になるための教育を押しつけられていた。

日本では今、このかつての教育の状況が、過去形ではなく、現在進行形で進められているのだ。現在の日本という国家の在り様に対しては、敢然と対峙する大人でありたい。

田中正造を評価する

田中が見据えた谷中村住民の毅然とした生き様に、私は、石川三四郎が論考・展開している「近世土民哲学」、「土民生活論」を憶い起こした。

石川は、土民を、「土民とは、土着自立の社会生活者である。他人に屈従せず、他人を搾取せず自ら大地に立って自由共同の生活を経営する、それが土民の本領である」と位置づけている。石川の意味する土民とは、農民に限定されない。「地球を耕し—

単に農に非ず―天地の大芸術に参加する労働者はみな土民」であるのだ。

石川は、大正から昭和にかけて広まった権藤成卿（※6）の農本主義に関心を寄せたが、その思想とは一線を画し、やがて、日本の軍国思想の支えとなっていく、いわゆる農本主義と自らの土民生活の思想と区別して「農本主義は農民に対する絶対主義、土民思想は征服者に対して自分の土地を守る反逆思想である」と明言している。

江戸中期の思想家、安藤昌益（※7）の思想も農本主義と位置づけられているが、権力・権威を徹底的に糾明し、搾取・非搾取のない、すべての人々が平等に安心して暮らせる社会を培う「直耕」の営みを強調していた。私は、石川の思想は、安藤昌益から学んだものではないかと思う。

石川は、歴史上における「土民」という名称は叛逆者に与えられたものであり、殊にそれは、外来権力者や不在支配者に対する土着の被治被搾取民衆を指し示す蔑視する名称であり、野蛮、蒙昧、不従順な賤民をさえ意味するが、本来の土民は、温情主義によって愛撫されない民衆であり、その上に土着の人間、土の主人公たる民衆であると言う。武藤類子さんの心に抱かれている「鬼」もまた、石川のいう土民に類するのではないだろうか。

石川の描いた社会は、土着の人々の自治よる直接民主主義による地域（風土）であったのではないか。

石川三四郎は、旧谷中村に田中正造を訪ね、深い感銘を受け、その時田中に聞いた言葉に触発され、下積みになっている民衆による自治こそが、権力をはねかえす力に

※6　権藤成卿（1868～1937）は、日本の農本主義思想家、制度学者（権藤家の家学は、「東洋古制度学」）。明治政府の絶対国家主義や官治主義（官僚制）、資本主義、都会主義を批判し、農村を基盤とした古代中国の社稷型封建制を理想とし、社稷国家の実現と農民・人民の自治及び東洋固有の「原始自治」を唱えた。因みに、社とは昔の中国で、建国の時天子・諸侯が壇を設けて祭った土地の神（社）と五穀の神（稷）の意であるが、論語では、国家・朝廷を表していると説明されている（広辞苑第四版による）。団琢磨暗殺事件を引き起こした血盟団などの右翼テロリストに大きな影響を与えたと言う『南淵書』は、南淵請安（みなぶちのしょうあん・飛鳥時代の学問僧）によって書かれ、

なっていくと説いている。それは、国家権力に屈しない行動であると同時に自分たちの間では、「協同和合」の自治であり、その協和の精神が、暴力とは自ずから異なる影響を相手方に対しても及ぼし得ると考察したのだ。

鶴見俊輔は、「田中正造の生涯から石川三四郎のうけた影響は、政治を上から見なくなったことにもあらわれる」と述べている。それはまた、田中正造が谷中村に残留した人々から学んだ立ち位置ではないだろうか。

1922年に突如権藤成卿が発見したとされ、昭和天皇となる摂政宮に献上された。だが、この書は権藤の手になる偽作であった。

※7　安藤昌益（1703〜1762）は、現在の秋田県二井田村の農家に生まれ、同地で没した。当時の奥羽地方では、1749年、1755年、1757年と饑餓が頻発し、関東一帯に間引きが広く行われるようになった。人のいのちを助ける医者となった昌益は、病いを癒すに止まらず、社会の病巣を駆逐しなければ、人々はそのいのちを全うできないという現実を見据え、「人々が不自由なく安食・安衣」出来る「直耕」の営みの大切さを説いた。昌益は、直耕の世は、無軍・無戦・無事・安平の世であるという。

第3章　体の奥深く刻まれた土民の思想

なかったことにしたい国　それでも住み続ける

県は、川辺、利島両村の人々の、国家に対峙するこの構えに驚き、政府は村民大会の翌日から破壊した防波堤修復の準備に取り掛かり、両村は水没を免れた。遊水池計画にとってこの両村の放棄は重大な影響がなかったという事情があったにせよ、両村の気概に満ちた自治こそが、村人たちが智恵や力を結集して培ってきた風土を守ったのだ。

一方谷中村は、この一村を潰して瀦水池を作ったとしても洪水は防げないことは、政府の中枢はもとより、県も重々承知していながら、悪辣なやり方で、その水没が画策された。ともかく住民を四散させて、この「厄介村」を亡きものにしたかったのだ。村は、様々な悪辣な工作により、水没するより前に自治が破壊されてしまっていた。

谷中村のみならず、政府の被害激減地における免訴の措置もまた、地域を疲弊させた。高額所得者の殆どが免訴になった結果、村の収入が激減した。加えて、当時は、多額納税者に選挙権・被選挙権が与えられていたために免税措置によって公民権を失う農民が続出し、公職につくことができるものがいなくなり、郡の役人が代理で村の運営をする始末だった。多くの村が自治体として成り立たない事態に追い込まれたのだ。

1906年4月、県は未だ適用されていない（適用は1908年）河川法を根拠に、谷中村民の築いた仮堤防を破壊。7月、谷中村村会の決議を無視して同村を藤岡町に併合。

1907年1月、谷中村に対する内閣の土地収用認定公告。6月29日〜7月5日にかけて谷中に残留していた19戸中、堤内居住の16戸に対し、強制破壊を執行した。だが正確に言えば、うち3戸は県から借地して家を建てていたので、土地収用法の対象ではなかったのだ。家を強制破壊された人々は、谷中から立ち退かないことを選択した。強制破壊が始まった3日目、人々は豪雨に襲われた。田中正造は、そのとき数え歳で67歳。木下尚江らと共に、未破壊の住居に泊まっていたが、夜間の雷光雷鳴に飛び起きて、あるところは舟に乗り、あるところは泥水につかり、あるところは頭を覆う草むらを押し分けて、野宿していた人々を訪ねたという。

谷中に残った人々は、この強制破壊に対して屈することなく、病人や幼児、高齢者を含めた全員が、もとの屋敷あとに設営した小屋とも言えない粗末な小屋で、日々の暮らしを営んだ。彼等の暮らしそのものが、権力に対峙する砦だった。

土民という生き様

谷中村の人々は、まさに石川の言う「土民」の生き様を貫き、地域の自治を培っていたのだ。谷中村は、国家と企業がぐるになった企みによって、水底に葬り去られたが、残留した人々は、その生き様を貫いた。正造は、その生き様から深く学び、自らも体現したのだった。

石川は、それら土民は、必ずしも農民ではなく、大工も左官も土民であるとし、全ての職業が土着であることを理想とするという。谷中村という地域社会では、その理想は、当たり前のことだったと思われる。

また石川は、「其の職業が職業別に全国的、世界的連帯を樹立すると同時に、地方的に他の全職業と連帯する。そこに有機的な地方土着生活と有機的な世界生活とが相関連して複式網状体を完成する」として、地域と世界が有機的に繋がるネットワークを描いている。

私は、石川三四郎のいう土着とは、世間で膾炙(かいしゃ)されているような、その土地で三代以上続いていることを意味するのではなく、今を生きている風土で、よりよく生きたいと希求し、主体的に生業に勤しみ、暮らしを営んでいる人々だと捉えており、それらの人々こそ、風土の主体的な担い手であると位置づけたい。

人々の生存圏・生活圏である風土は、他の地域と断絶したものでなく、風土と風土の間には、国家（権力）が固執する国境さえも越えていく人々の交流があり、情報や智恵や技術や物のやりとりもあり、文化の交流もなされてきていたのだ。それらの交流・交換は、略奪や支配が目的ではなかっただろう。

それは、資本によるグローバリズムに対置する構えとして、今表出されている「グローカル」という考え方に重なるものであり、国家が煽りたてる偏狭なナショナリズムをも打ち返す力にもなるのではないだろうか。さらには、戦争への道を阻止する力になり得るのではないかと私は予感する。

田中正造は、勿論、戦争にも反対だった。世界の国々は、お互いに軍備を撤廃して、人と人との交流・話し合いを密にすればよい。税金は、外交を豊かに展開するために使われるべきだと主張していた。

それは、「富国強兵」の道を歩み始めた日本という国のみならず世界の国々に向けて発信されていたのだ。

田中正造と石川三四郎

本来の国の豊かさは、風土の豊かさを基盤にしてこそ、涵養されるのではないか。谷中村は、国家の手によって滅ぼされたが、そこで生き抜こうと覚悟した人々の生き様は、１００年余り経った現在においても、色褪せることなく私たちに深く迫ってくる。

私たちは、風土を滅ぼす国策には、毅然として対峙していこうではないか。

1907年の6月から7月にかけて、旧谷中村に残留していた19戸のうち堤内に居住していた16戸に対して家屋の強制破壊が行われた。同年2月には、足尾銅山の鉱夫たちが、待遇改善を求める大きな行動を巻き起こしたが、軍隊に鎮圧された。しかし、この事件には、田中正造はそれほど関わらなかったという。田中は、銅山そのものの閉鎖を要求していたからではないだろうか。

田中正造は、「真の文明ハ山を荒らさず、川を荒らさず、村を破らず、人を殺さざるべし」（1912年1月31日の日記）と喝破している。

一人ひとりの生業もまた、風土の破壊に加担するものでないことを希求していたのではないだろうか。

人々が、風土を破壊するような生業に従事せざるを得ない状況、この状況をいかに転換させていけるのか。

石川は、「土民」は権力（者）に愛撫される農民ではなく、その地域で自立した生活者であると位置づけ、全ての職業の土着を理想とし、農業と工業の結合と組合組織の確立を主張した。農業と工業の結合には、電力を社会化し、農村を電化することが前提条件となると説いているが、原子力発電による電力の供給は想像だにしなかっただろう。

私は、当時それが可能であったとしても、石川が言う「土民」が主体となる社会では、原子力発電は拒否されたのではないかと思う。その頃はまだ、電気は、地産地消のエネルギーであり、石川が描く「組合」には、水利・電利組合も挙げられていることなどから、電気の社会化もまた、自治によって推進されることを大前提としていたと推測するからだ。地球を耕す土民たる人々は、決して原子力発電は選ばないと、私は確信しているのだ。

一方、田中は、電気を引き合いに出して、日記に以下のように書いている。

物質上、人工人為の進歩のみを以てせば社会は暗黒なり。デンキ開ケテ、世見暗夜となれり。然れども物質の進歩を怖るる勿れ。此進歩より更ニ数歩すゝめたる天然及無形の精神的発達をすゝめバ、所謂文質彬々知徳兼備なり。日本の文明、今や質あり文なし。知あり徳なきに苦しむなり。悔改めざれバ亡びん。今已に亡びツゝあり。否已ニ亡びたり。

日記の日付の1913年7月21日は、田中が亡くなる1ヵ月半前である。今から100年前に、電気を象徴的に捉えた、物質文明への危惧の表明は、先見性に富んでいる。

田中正造の最期は、勝子夫人と共に木下尚江が看取った。木下は田中から臨終に立ち合うようにと請われていたのだった。

木下の「臨終の田中正造」（『近代日本思想大系10　木下尚江集』筑摩書房　1975年7月初版発行　初出：1933年9月中央公論）では、そのときの状況のみならず、田中正造の気骨に満ちた生涯が著されており、そこには、天皇への直訴についての木下の問いに答えた、一連のやりとりも紹介されている。

ここでは、以下のような木下の述懐を引用したい。

僕は翁の直訴には終止賛成することが出来なかったが、その行き届いた用意を聴くに及んで、深き敬意を抱くようになった。

「若し天皇の御手元へ書面を直接差出すだけならば、好い機会が幾らもある。議会の開院式の時に行れば、何の造作も無い事だ。然しながら、議員の身でそれを行ったでは、議員の職責を侮辱すると云うものだな―」。

翁は粛然として曾てかう語った。

天皇、谷中のおんなたち

私自身も、敬愛して止まない田中正造の、天皇への直訴と、大日本帝国憲法への評価については釈然としないものを持っていたが、木下とのやりとりに加えて、小松裕さん（熊本大学文学部教授・当時（※8））の東京新聞（2013年9月1日付朝刊）に寄せられた文章を読んで、そのわだかまりは氷解した。

小松さんは、田中にとって「『真の文明』とは人権が尊重されることとイコールであり、憲法とは『人民の権利章典』に他ならなかった。だからこそ、あの大日本帝国

※8　2015年3月没。元熊本大学文学部長。専攻は日本近代史。歴史研究と社会との接点を模索され、在日朝鮮人問題など、人権問題等に関わり、田中正造に関する研究をライフワークとされた。ご自身もまた、反原発運動等で活躍された。

憲法すらも鉱毒被害民の人権を守るために徹底的に活用し」、「最終的に正造は、大日本帝国憲法を廃止して、普遍的人権擁護を中心とした『広き憲法』の新造を構想するようにな」ったと述べている。

田中は、議会に提出した「亡国に至るを知らざる儀につき再質問書」で、「帝国議会ありといえども憲法遵守せざれば議会なきに如かず」と批判している。大日本帝国憲法では、天皇は「統治権を総攬する」と規定されており、帝国議会は天皇の立法権への協賛機関と規定されていた。田中は、議員の職責を、憲法を拠り所にして人々のために働くものであると捉えていたのだ。

いのちを原点に据えた根源的な生き様を自らに課して、たゆむことなくその道筋を究めてきていた田中正造だからこそ、かつての大日本帝国憲法を突き抜ける思想が、観念的ではなく血肉化して、その身心を巡り始めたのではないかと、私の田中への敬愛の念は一層深くなった。

さて、足尾銅山からの鉱毒の被害は現在にまで及んでいる。1973年、足尾銅山の採掘はようやく中止されたが（但し精錬事業は拡大の方針）、2011年3月11日、東日本大震災の余波とみられる地滑りで堆積場が崩れ、渡良瀬川に有害物質が流入。2km下流で実施した水質調査では、国の基準を2倍近く上回る鉛が検出されている。

足尾銅山の鉱毒問題に係る人々の闘いは、公害反対運動の原点として位置づけられているが、鉱毒の被害が明らかになってきてから、明治政府による強引な幕引きまで20年、戦後の農地汚染賠償問題まで含めると80年にも及ぶ。

映画『襤褸の旗』は、雲龍寺からの押し出し前の緊迫した映像から始まり、女たちは甲斐甲斐しく炊き出しをしている。

その長く熾烈な闘いに、女たちはどのように関わったのだろうか。『マイノリティとしての女性史』（奥田暁子編　1997年10月第1版1刷　三一書房発行）に執筆されている竹見智恵子さんの「足尾鉱毒事件の中のおんなたち―非暴力不服従の闘いの先駆として」と題された論稿は、この設問に応えるかのように展開されている。

竹見さんは、これまでの出版物には、足尾銅山の鉱毒事件に関わった女たちの動向についての記述が極めて少ないことを指摘されている。竹見さんは、事件当時の新聞やルポルタージュなどの原資料を参照し、足尾鉱毒事件のなかでの女たちのおかれた状況、果たした役割等に関し、なぜ女たちについて語られてこなかったのかを述べている。

竹見さんは、田中が養女タケ宛てに寄せた書簡に書かれた言葉、「婦人の徳は恰も衣類の裏の如し。男子は衣類の表なり。女徳の裏強けれバ、たとい表て切れ破れても裏ニテ保テリ」（『田中正造全集』第19巻所収）を引用して、「正造としては、足尾鉱毒事件をともに闘った鉱毒婦人救済会のおんなたちや、自分の留守をしっかりと守ってくれた妻カツのことを念頭において書いたものだろう。せいいっぱいのほめ言葉のつもりのようだが、おとこ本位の思考であることには変わりない」と指摘している。そして次のように論じている。

「おんなたちの実力には一目置くことはあっても、けっして自分たちとは対等とは考えない。おんなはおとこの補強物にすぎない。『裏』はどうあがいても『裏』で、けっして『表』にはなれないという思い込みを持っている。現在の市民運動の中にも性別役割分担が依然として根深いが、いっこうに疑おうとしないおとこたちが多い」、「おとこたちはただおとこであるという理由で歴史の表に居座り続けた。足尾鉱毒事件の中でおんなたちの活動が軽視され続けてきた原因の一端は、実は歴史を書いたのがつねにおとこたちであったという理由によるものと思う」

私は正造は、旧谷中村の自らの暮らし・生き様を砦として闘った人々に、後述する「凡庸ならざる徳」を見出した時に、女・男の着物の裏・表論は、消えたのではないかと憶測している。女たちもまた、政治・社会でのマイノリティとしての位置づけを超えて、果敢に闘った。いのちを原点に据え、それを育む風土を守り抜く気迫は、女も男も老いも若きもふつふつと滾(たぎ)らせていたのではないかと、私は思う。

第４章　女たちは国家の正体を見抜いた

田中カツの働き

足尾銅山の鉱毒は、農作物や魚介類ばかりでなく、地域住民の健康を蝕(むしば)み、乳幼児はもとより地域住民の死亡率を増大させた。健康を損なった母親は、乳児に十分な母乳を与えることが出来なかった。

１８９７年9月、田中の妻、カツは、鉱毒激甚地で母乳不足に悩む母親たちを見舞った。更には義捐金集めにも奔走したことが窺える。これをきっかけにしてカツはしばしば、川俣事件以降、働き手の男たちが一掃された村々を、泊まり込みで訪れるようになった。この泊まり込みは１９０２年の秋頃まで続いたという。

カツの手控え帳によれば、１９０１年10月、川俣事件の第二審公判のための臨検の日に、女性二人（足利郡久野村大字野田在住）が、裁判官等に直訴した。臨検のメンバーは、裁判長、陪席判事、検事、書記、立合弁護人、首都圏から派遣された記者たちの総勢20人ほどだったという。このニュースは、近隣の村々にも伝わり、直訴から4ヵ月後、女たちだけの押し出しが決行された。

同年11月には、キリスト教矯風会の有志が現地視察に出かけるなど、都会の女たちによる支援が始まった。前年11月に初めて鉱毒問題の演説を聴いた同会副会頭の潮田千勢子は、1901年4月の同会の年会に、田中正造を来賓として招いた。田中は、鉱毒被害地の惨状を訴え、参加者に、ぜひその惨状を視察し救援に立ちあがることを要請した。これを受けて潮田らは、被害激甚地を訪問。帰京後間もない11月29日、義捐金集めのための演説会を開催。木下尚江、安部磯雄、島田三郎、潮田などが演説。これを機に「鉱毒地救済婦人会」を発足させ、潮田が会長に選出された。

当時は、女たちが演説会を主催することは困難な状況にあった。市長村会議員及び衆議院議員の選挙権もなく、政治目的の集会の発起人にもなれず、参加もできなかったのだ。当時は「集会及び結社法」に変わる「治安警察法」が施行されたばかりだった。それは、自由民権運動のみならず、労働運動をも規制することを意図した法律であったが、当時の女性は、選挙権・被選挙権をもっていなかった上に、政治的な活動の制約も受けていたのだ。

このような状況の下、潮田は極力政治色を排しながら、度々演説会を開き、彼女を始め救援会のメンバーは、演説会のほかにも他方面にわたる救援活動を行った。さらに救援会の主要なメンバーでもあり、毎日新聞記者でもあった松本英子は、みどり子というペンネームで「鉱毒地の惨状」と題した迫真のルポルタージュを、毎日新聞紙上に59回（1901年11月～1902年3月）にわたり書き続けた。

松本英子は、ルポルタージュ連載中に「貴衆両院議員諸君に檄す」という檄文を起草したことで、新聞条令違反の疑いで、警察に召還され、檄文と前後して「鉱業人古河市兵衛に寄す」という抗議文を出したことが、鉱毒地救済婦人会への弾圧の理由になっていく。新聞条令違反は成立しなかったが、松本はその後、絶えず文筆活動に対する圧迫を受けるようになった。

潮田はそれに屈することなく激甚地の被害者のために黙々と働くが、この活動に対する誹謗中傷が渦巻くようになり、共に活動している仲間たちも去っていくようになった。潮田の情熱は衰えることはなかったが、１９０３年、突然過労で倒れ、翌年7月に亡くなった。59年の生涯だった。

女たちの共感という力

救援に関わった女性たちの情熱は、中途半端なものではなかったが、竹見さんは「鉱毒地救済婦人会の活動は、それまで一度も社会活動に参加したことのなかった層までもその救援活動に引き込んだということもあって大きな足跡を残した」と評価しながらも、「一方で、救援活動をする側と救援される側との距離は最後まで開いたまま」であり、「これは松本英子の残こした『鉱毒地の惨状』に特徴的に現れてきている」と指摘している。

その記述には「此の地の無知なる婦女等鉱毒を天災と思う憐れむべし」等の表現がある。また、「幼年の頃は家も蔵も田畑山林も沢山所持していたものが今は我家土蔵を始めとし所持の金品のこらず肥料の代となってその肥料をやっても足りず憐れむべき無知の民は肥料の無効をさとせどきかぬよし殖えたるは借金の嵩ばかりで夫婦も親子も皆離散してしまひ女は乳が出ず子は痩せて糸のようになっても親も子も共に泣いているものを見ると実に世に悲惨極まる者とは此被害民を云うてよかろうと思う」と紹介されている。

農民たちにとって、田畑こそがいのちに次ぐ大事な財産であり、鉱毒除去に必死だった。竹見さんは、この努力を「『肥料の無効をさとせどきかぬ憐れむべき無知の民』と言い切ってしまうのは表層的な見方にすぎる」と述べている。私もその通りであると思う。

渡良瀬川沿岸は、かつては沃野千里といわれた豊饒の地であったが、それは、地域住民が洪水と闘いながら培ってきた風土である。彼等は、憐れむべき無知の民ではなく、風土を守り抜くための必死の闘いを日々の生業の中で実践していたのだ。

そして、女たちは泣いてばかりいたのではない。1902年2月18日夜、東京への押し出しを決行した。計画は、2ヵ月前から進められていた。この夜、雲龍寺に近い渡し場には、東京に出発する73人、見送りを含めると100人を超える女たちが集まった。

その情報は、直ちに治安当局に伝わり警官が駆けつけてきた。女たちの中には素足のものや幼い子どもを連れたものもいた。警官は無謀な押し出しを中止するよう説得したが、女たちは聞かず、結局代表17人が上京することになった。17人は翌日、小舟で利根川を渡り、2時間歩いて古河に到着。夕方6時過ぎの汽車に乗り、芝口にある鉱毒事務所（※9）に辿りついたのは深夜だった。

翌朝、早速関係省庁を回った。引き続き貴族院の前の道路に全員が座り込み、警備の警官との2時間にわたる押し問答の末、院内に入ることができた。議長はでてこなかったが書記に面会し、後日直接大臣が面会するという約束を取りつけた。一行は栃木県植野村、久野村、群馬県境村の女たちで、17人中13人が50代、最高年齢は66歳、新聞紙上では「老婆連」とも呼ばれていた。農商務省でも大臣は面会に応ぜず、屈強な警官に遮られた。竹見さんは、そのとき女たちが口々に訴えた次のような言葉を紹介している。

「だれがこのようなありさまにしやんしたか。一人の人が毒を流すので私共はみんな此のような苦しみを受けるのでやんす。それだのに大臣さんも政府もそのやま（銅山）を停めないで毒を流させておくのだから取りも直さず人殺しでやんす」

女たちは国家の正体を見抜いていたのだ。

谷中村で生き抜く選択

矢継ぎばやに18人の「第二婦人隊」が、群馬県海老瀬村、界村、埼玉県川辺村、利村から上京し、中には74歳の高齢者もいた。これだけに終わらず、官憲の目を避けるように密かに出発し、連日2、3人から数人の女たちが上京。旅費がないため、野宿をしながら3日もかけて辿りついた女性もいたという。

※9 当時、東京・芝口に足尾銅山鉱毒処分請願事務所が設置されていた。

これらの女性は合流して行動した。貴衆両議院議長、農商務省、新聞社、政治家の家など、思いつく限りのところを訪ね窮状を訴えた。滞在中に東京控訴院で開かれた川俣事件の公判も傍聴した。

永田町の首相官邸にも出向き首相に面会を求めたが断られた。だが門前を動こうとしなかった。秘書官が代表3人に限って会うことになり、代表となった赤萩よも、石川タケ、石田かくの3人は涙ながらに窮状を訴えた。秘書官は黙って3人の言葉を聞いた。

終わって面会の証にと秘書官の名刺を受け取り外へでたのだが、鉱毒停止の確約を得なければ面会の意味がない。そこで、小野そめ、黒崎たけが官邸に取って返し、今後は毒水を一滴も（古河鉱業に）流させないこと、（鉱毒停止の）時期がいつになるかを明言することの2点について証文が欲しいと秘書官に申し入れた。秘書官は、証文を受け取るまではここを動かないという2人を排除するために麹町警察署に通報。2人は警官4人がかりで、外に担ぎ出されたが、あとから担ぎ出された黒崎たけは、担がれながら門柱にしがみつき､最後まで抵抗したという。1902年3月に入ると、上京した女たちは40人を超え、鉱毒事務所だけでは泊まれなくなり、一軒家を借りて全員が移り住んだ。

時期を同じくして、川俣事件の公判で、汚染された鉱毒被害地の土の分析が公表され、ヒ素が検出されたことが明らかになった。ヒ素は、植物を枯死させるばかりでなく、人間を含めて動物のいのちをも殺生する毒物だ。

　このような事態の中で、裁判はあっけなく結審となり、裁判所は、検察側の書類が不備であるという理由で被告全員無罪の判決を言い渡した。この判決は、足尾鉱毒事件への人々の関心を沈静化するための政治的な決着であったと言える。

　同じ頃、被害農民を鉱毒に汚染されていない地域へ移住させる計画と渡良瀬川を遊水池にする案がでてきた。この案を歓迎する支援者もおり、被害住民は窮地に追い込まれるようになった。

　だが、谷中村に残留した人々の意志は固かった。16戸の残留民の家が破壊された時、田中正造は谷中村内、或いはその周辺に彼等を移住させる土地を見付けることに専念した。東京で発足した谷中救済会も、彼等のために適当な移住地を選んで、そこに移住させるよう栃木県に対し、仲介の労を執るよう申し入れた。これは栃木県にとっては渡りに舟であったが、彼等被害民はどちらの提案も受け付けなかった。

「我々は世に如何なる法律ありとするも、官吏が人民の家屋を破り、田圃を奪うに至ってはもはや、生命をうばわるるほかなしとの決心に候」（1907年7月21日付）と記述された谷中救済会に宛てた谷中残留民の書簡からは、彼等の決然とした固い意志が、ひたひたと伝わってくる。

　田中は、谷中残留民が、営々として培ってきた風土から、地域住民を引き剥がすという国家権力の暴挙に対峙して意志を貫き、家屋の強制破壊後も仮小屋で、何の気負いもなく普段と同じように暮らしている谷中村の人々の生き様に触れて、彼等の凡庸ならざる「徳」を見出したのだった。

１９０９年８月の日記には、染宮与三郎一家の稟とした心構えが記述されている。与三郎の親戚の染宮太三郎は富豪だったが、買収に応じて移住し、その母は、与三郎の妻に新築した立派な家を誇示して、早く買収に応じて、難儀を脱出するよう奨めた。しかし、妻は、「われら好んで正しく貧苦に居るもの。人の富はうらやましからず。我ら夫婦は人の害となることはせざるなり」との固い意志を示したという。

かつて谷中村の人々には、「その呑むや、我が家の井水あり、汲みて呑む。食うや耕して食す、誠に天然の楽なり」という、自然と響き合う暮らしを営む穏やかな日々があったのだ。与三郎夫婦はそれ以上のことは望まなかった。彼等にとっては、その暮らしこそが正しいものであったからだ。正造は、与三郎一家の記述を「五ケ年その徳を発見せざるは、予は目なし、耳なし、愚人中の愚人というべきのみ」と結び、自らの不明を恥じた。

谷中村に残留して仮小屋で暮らしていた人々は、女も男も、老いも若きも果敢にそれぞれの暮らしと生き様をかけて権力に対峙していたに違いない。人々は、自然と響き合う暮らしを天与として大切にし、それこそが正しい生き方であると自覚し、誇りを持って生き抜いたのだ。

第5章　和歌山の反原発運動の記録

原発＝豊かさというまやかし

１９５４年、アメリカがビキニで初の水爆実験をした年に、日本政府は2億３５００万円の原子力予算を計上した。

いざなぎ景気が終わったと位置づけられている１９７０年代は、自由民主党の総裁選に望んだ田中角栄がぶち挙げた「日本列島改造論」による土地ブームが引き起こされ、田中角栄は、その過程の中で火力発電から原子力発電への転換にも言及していた。

そして、いわゆる石油ショックを経て、原子力発電は、エネルギー危機の救世主として登場してくるが、それら立地地域では、すんなりと受けいれてきたわけではない。どの地域でも女性も男性も果敢に闘った。

２０１１年末現在、日本の原発は、17ヵ所54基に増えたが、運転に至った原発は、１９７０年までに、計画が浮上したもののみである。

だが、それ以前に計画されていた原発もまた、長い闘いで阻止した地域もあり、これまでにその建設を断念させた原発は34基に及ぶ。

１９６６年に、東海原発が、日本では初めての原発の営業運転を開始した。その翌年の１９６７年7月、早川労働大臣（当時）は記者会見で、和歌山県・日高原発誘致を発表。日高町議会は、直ちに原発誘致を決議したが、同時に「阿尾地区原子力誘致反対同志会」が結成され、翌年1月には、日高町阿尾地区総会における「原発設置反対の決議」、5月、日高町比井崎漁協総会でも、原発誘致反対の決議が挙げられ、11月には日高町町長と愛郷同志会が、原発誘致白紙撤回で合意した。

一方、12月、古座町議会は原発誘致を決議しているが、翌１９６９年の7月には、古座漁協は、古座町の原発誘致に反対する決議を行った。因みに古座町議会は、１９７２年9月「原発誘致決議を白紙に還元して、誘致・設置に反対する特別決議」を挙げ、１９７７年には、原発反対決議を挙げている。

太地町では、１９６９年1月、町議会が原発設置反対決議、3月には、「太地町原子力発電所設置反対連絡会」が結成された。

那智勝浦町議会では、69年2月に原発誘致を決議したが、１９７１年7月、町議会では、「原発は安全性が確保されるまでの間はとりやめる」との意見書を採択。8月には、「那智勝浦町原発反対協議会」が結成され、9月、那智勝浦町下里で「子どもを守る母の会」が立ちあがり、10月、町議会は、原発の「誘致設置に反対する決議」を挙げた。

１９７０年頃、日高町小浦地区では、町長名義での用地の買収がされてきたが、１９７５年6月、関西電力は小浦地区への原発誘致を打診。１９７６年2月、日置川町臨時議会は、関電への町有地売却を議決したが、日高町比井崎漁協臨時総代会では、誘致反対決議が挙げられた。

日高町の小浦地区では、アメリカ・スリーマイル島の原発事故が起きる前年の１９７８年2月、陸上事前調査の受け入れを決定したが、5月、日高町・比井崎漁協は、海上事前調査の受け入れを棚上げしている。しかし、7月、町議会では事前調査の促進を決議、8月には、仮谷知事に対して事前調査促進についての協力を依頼している。これに対し、反対側は、「事前調査受け入れ拒否」を求めて闘い続けた。

おんなたちが立ち上がる

このような状況の中で、5月に「原発を考える女の会」が結成され、阿尾地区の漁師たち１３０人も11月には「比井崎の海を守る会」を結成。この守る会は男限定とされていたというのだが、この会では、漁業権を持っていることが求められていたのだろうか。

和歌山県における反原発の闘いには、どの地域においても、男性も女性も果敢に取り組んできていたのだが、当初は、漁業権を握っている男性が主導だったのかも知れない。

女たちは、その垣根を突き破り、「いのちを守る」という視点で、更なる広がりを意図して「女たちの会」を立ち上げてきたのだと思う。

それぞれの地区で、丁々発止の闘いが展開されている中、１９８０年1月には、「日された。

高原発反対大集会」が開催され、6月には、「和歌山県原発反対連絡協議会」が結成

1986年2月、日置川町臨時議会における、原発が柱の「長期構想」の可決、商工会の「原発立地誘致推進」の決議。4月には、旧ソ連でチェルノブイリ原発の事故が発生、8千㎞離れた日本にも放射能が飛来した。その年の11月には、原発に反対する「日置川原発反対30キロ圏内共闘会議」結成されたが、一方で賛成する「日置川原子力発電所立地推進協議会」が立ち上がった。しかし、12月には「日置川町原発反対連絡協議会」が結成され、年が明けた1987年2月には、日置川町で、「ふるさとを守る女の会」が立ち上がった。そして、この時開いた交流会が発端となって「紀伊半島に原発はいらない女たちの会」が、県レベルの連絡会として発足した。

1987年4月26日には、チェルノブイリの事故を教訓としないばかりか、「いのち」より「カネ」を取ろうとしている和歌山県に対して、今こそ、「いのち」か「原子力」かを選択するときにきていると表明した。この共通の思いを持って、紀の国の北から南から200人以上の女たちが、田辺市で開かれた井戸端会議に集まったのだ。

松浦雅代さんは、1987年5月20日付の『反原発新聞』に、その経緯や集まりの様子を生き生きと記している。

「各地の新しい『女の会』結成の最大の難関は誰が代表になるかであり、引き受けたら引き受けたで、『おまえがせんでも』という夫の反発に出合い、夫を協力会員にするということが最初の最大の仕事」だったという。

これらは、原発反対を掲げて東京電力を相手に電気代を旧料金で払う（値上げ分不払い）運動に取り組んできた、私たちの体験の中でも難関であった。値上げ分不払い運動そのものを否定する夫もいたのだ。

原発立地地域の暮らしの場で、女たちが主体的に取り組んだ反原発運動は、私たち以上の困難を抱えていたことは、想像に難くない。

女たちの会では、代表を3人にするなど、工夫してこの難関を乗り切りつつ、1987年4月26日、「脱原発の社会を作っていくことを全世界の人々に呼びかける全国共同アピール」を採択して、県知事、市長、町長宛ての抗議の葉書を書いた。そして、ムラサキツユクサ（※10）を紀の国全体に増やすため、1本ずつ持ち帰ったのだった。

和歌山の反原発の運動は、女も男も力を出し合って、市長選では、反原発の市長を当選させるなど、躍動的に展開されたのだ。

1989年には、「脱原発わかやま」が結成された。全県あげて、たゆみなく力を注いできた長期にわたる反原発の闘いは、2005年2月、日置川原発と日高原発の立地地域を、電源開発促進重要地点の指定から解除させたのだ。

国家にだまされないおんなたち

私は、和歌山の反原発の闘いを『原発を拒み続けた和歌山の記録』（編者「脱原発わ

※10　ムラサキツユクサの雄しべの毛で、放射線を細胞単位で直接的にかつ確実に検出することが可能。

この事実はアメリカ・ニューヨーク州にあるブルックヘブン国立研究所における実験で確認されている。

この実験には市川定夫さん（埼玉大学名誉教授・故人）も参加されている。

かやま」編集委員会　監修者汐見文隆　２０１2年5月　初版1刷発行　寿郎社）を参考にして紹介した。私自身は、和歌山の立地地域を一度たりとも踏んでいないのだが、同書からは、和歌山の原発を拒み続けてきた和歌山の人々の懸命に生きた息遣いが聴こえてくるようだった。

ここで、元教員だった鈴木静枝さんに触れずにはいられない。同書には、「原発に反対する女の会」代表としての鈴木静枝さんの講演、「女から女への遺言状」が再録されている。講演は、１９９3年7月、日高町産湯における合宿で行われた。

松浦雅代さんの付書きによれば、「和歌山の女たちのネットワーク」（紀伊半島に原発はいらない女たちの会）では、毎年夏には日高町で合宿していたが、１９９０年、日高町に反原発の町長が誕生してからは、合宿は主に戦争経験者と戦争体験のない女たちの交流の場となっていた。

同書の文章は、会報『女たちの会ニュース』9号（１９９3年9月発行）に掲載されたものである。

戦争中、疑うことなく戦争に協力した鈴木さんは、敗戦後、おかみがだますことがあると知ってびっくり仰天、八紘一宇の聖戦が侵略戦争であったとは――。それからはもうだまされまいと思って、戦後を生き抜いた。鈴木さんは、原発の話が善いことづくめで地域に持ち込まれて以来、いかに地域の平和がかき乱されたか、原発立地を持ち込まれた地域は、どこもかしこも傷を受け、それは今も疼いているという。そして、「自分にできなかったことを、人にやってもらいたいというのは、本当にあつかましい話ですけれどもね」と、付け加えながら、次のように「遺言」を語っている。

「私が今一番言いたいのは、後になっておかみにだまされたなどと泣きごとを言ってほしくないことです。だまされないよう心とぎすまして、時には反対する勇気をもってほしいこと。

そして、政治にもっと関心を寄せて、投票もきちんとするよう、若者に訴え、無関心で居たら今に、その付けをばうんとこ払わせられる気がします。しっかりして下さいね。というのが私の遺言です」

1918年生まれの鈴木さんは、お話になった。そして、私は図らずも2014年1月、長編ドキュメンタリー映画『シロウオ』（※11）に登場されている鈴木さんを拝見した。

鈴木さんは、戦争中、教師として忠君愛国を、一生懸命生徒に吹き込んだと述懐された。戦争が終わった時に、どうして人殺しがよいと思ったのかと、自らが行ってきたことを反省し、2度目に教職についた時は、もう戦争を賛美するような教師であってはならないと自戒し、今度こそはだまされまいと、原発の話を聞いても「眉へつばつけて聞かんと分からんな」と思ったと語っている。

※11　このドキュメント映画の題名『シロウオ』は、体長約4センチの小魚の名に由来する。シロウオは投げ網を仕掛けた流れに小石を投げると餌と間違えて一網打尽となるという。

市民が科学する　それが反原発のねっこ

和歌山県内の原発立地計画は、「石油危機の心配がなく石油代替電源の中心的役割を担うもので、自然エネルギーはもとより、火力、水力より発電コストが安く、しかもわが国の技術は世界最高レベルにあり、絶対安全である」との説明のもとに進められた。原発誘致を進める人々は、「このままでは電気が不足する。電気のない原始生活に戻ってもいいのか」など、こけ脅しの言葉まで使って住民を説得しようとしたが、反対する住民たちは、原発がいくつもの虚構の上に成り立っていることを見究めていた。これは、市井の学者、宇治田一也さんに負うことが大きい。

宇治田さんは、まず公開されているデータをもとに政府や電力会社が主張するほど電力需要が伸びないことを明らかにした。事実その通りとなり、総合資源エネルギー調査会需給部会による「長期エネルギー需給見通し」は、絶えず下方修正されてきている。

原発の必要性は、原発がなければ電気が足りなくなる、従って経済活動が円滑に行われず、社会の活性が失われる、生活が不便になるなどの常套句で、今なお、しぶとく撒きちらされているが、和歌山の人々は、通称『宇治田理論』から学び、次のような主張を掲げ原発不要論を展開した。今から40数年以前のことである。

・電力需要を調整し、ピーク時の電力需要を下げる。

・太陽光など自然エネルギーを増やし原発依存から脱する。
・廃棄物処理、廃炉費用を含め、原子力発電の負うコストを再計算する。
・設備、人件費などに一定の利潤を加えて電気料金を決める総括原価方式を見直す
（『原発を拒み続けた和歌山の記録』より）。

宇治田さんは、電力需要の総量だけでなく、電力需要のピークの様相も変化してきていることも指摘されている。当時は、8月の数日の、夏の高校野球甲子園大会の決勝戦が行われる猛暑の午後に、1年間のピークが現れた。

発電施設は平均的な電力需要でなく、ピーク時の需要に対応しなければならない。それは、平均的な電力施設の倍ほどになるというが、ピーク電力の伸びも低下し、更に企業の夏期休暇や特定の期間や時間を対象に電気料金に差を設けることで、ピーク時間帯の出現時期やその時の電力需要が変化していることを明らかにした。因みにピーク時の電力需要は、1995年頃からほぼ横ばい、2000年を過ぎると減少気味になってきている。

宇治田さんは、電力料金に時間帯による明確な格差を設けるなど、政府による料金政策や電力会社の積極的な取り組みがあれば、更にピーク時の電力を低下させることができ、発電所の新設は必要なくなると主張した。

この『宇治田理論』は、様々の機会に県内外の人々に伝えられたが、私は、1970年代に東京に所用で来られた宇治田さんから、この理論を学ぶ機会に恵まれた。

私たちが取り組んだ、旧料金で電気代を払う運動は、もし電気が足りないとしても、

原子力発電に依存せず、まず私たちの暮らし・社会のエネルギー浪費構造を見直し、社会・暮らしの節電に努力し、循環型の代替エネルギーの創出に智恵を注ぐべきだと考えていた。従って、火力発電であったとしても、住民にとってそれが環境を汚染し、人々のいのちを蝕むものである場合には、その立地には反対の視点に立って、運動を展開していた。

原発推進側は、電気が足りなくなるとの論法で、原発必要論をごり押ししてきたが、政府のエネルギー政策では、同時に火力発電の増設も進められていた。

出力が大きい上に、その調整が難しい原子力発電に頼ることは結局は、社会・暮らしの電気の需要の拡大をもたらし、余った電気の捨て場としての揚水発電所の設置も加わり、更には福島第1原子力発電所の例にみるように、いざと言うときのバックアップのために火力発電所を温存しておかなければならず、結局余分な設備投資が行われ、それらの費用は、総括原価主義による電気料金により、需要家から徴収される。しかも大口電力は、割安になっている。原発は一度事故が起きれば取り返しがつかないことも、私たちは主張し続けてきているのだ。

原発はもとより、野放図な発電所の建設に待ったをかける力を備えていた『宇治田理論』に、私たちは意を強くしたのだった。

原発を拒否した和歌山の果敢かつ緻密な取り組みは、対岸の四国・徳島県阿南市の蒲生田崎に立地されようとしていた「蒲生田原発」の阻止を期した人々をも、勇気づけた。蒲生田原発は、１９７６年６月、四国電力が徳島県知事、阿南市長に原発立地環境調査を申し入れたが、住民の熾烈な闘いが燃え上がり、１９７９年6月、阿南市長が市議会で、「環境調査申し入れ以前に戻す」と、原発立地断念の発言。県知事も県議会で市長に同調する旨表明し、四国電力に原発立地の白紙撤回を通告した。

蒲生田原発の立地よりも10年近く前に浮上し、長い闘いを経て原発を阻んだ、和歌山における反原発の闘いは、蒲生田原発を阻止する力をも結集させたのだ。

第6章　風土に根ざした生き方を取り戻すということ

風力発電は優しくない

私は、2013年5月、図らずも参議院会館で開かれた集会で、和歌山で原発阻止を担ってこられた住民の一人である松浦雅代さんにお目にかかった。「風車問題伊豆ネットワーク」主催の「風力発電の諸問題」と題されたその集会では、和歌山県日高郡由良町等、風力発電の低周波音に苦しめられている住民の実状が報告された。

まず、フリーライターの永尾俊彦さんが由良町の報告。ついで由良町、静岡県・南伊豆町や北海道から参加された被害者が、その苦しみを訴えた。

健康被害は頭痛、耳鳴り、血圧上昇などだが、由良町の役場は、住民の健康被害には冷淡で、低周波音には環境基準のないことを口実にして実態調査もせずに、畑山雅央町長（当時・3期目）は議会で、病は気からなどと言い放っているという。

風車を操業しているのは、大阪ガスの子会社「ガスアンドパワー」で、由良町には、17年間で3億5600万円の固定資産税が入り、会社は固定価格買取制度により、発電した電気を高く買って貰える。一見良いことずくめの裏側にある住民の苦しみは、ないがしろにされている。

松浦さんからは、風車が建てられている山間地は、とりわけ過疎化が進んでいる。住民は高齢化が進み、居住地も町役場から離れている。加えて、脱原発を目指してきている人々の多くも自然エネルギーである風力発電の問題には関心が薄く、被害者は孤立しているので、問題解決の糸口が掴みにくいと、お聞きした。

風力発電は、自然破壊をも引き起こし、生態系への影響も深刻だ。しかも風任せなので、バックアップ用として火力発電所が必要となる。また、日本列島の風況では、風力発電の適地とされる地域は、それほど多くはないと思う。

例えば千葉県では、袖ケ浦海浜公園の風車は、ブレード（羽根）が撤去されている。建設費は７０００万円、県が国から補助金を貰って建設し、公園内の電気を賄い、余った電力を東電に売ることになっていたが、しばしば故障、維持補修費に２００〜３００万円かかり、ついにブレードを撤去してしまった。

習志野市芝園地区の親水護岸の16基の風車は、風力発電と太陽光発電を組み合わせた「ハイブリッド照明灯」の電気を供給するためのものであったが、現在は13基のブレードは破損のため撤去され、３基のブレードしか残存していない。関係者は、「風力発電は維持管理が難しい上に、維持費が非常にかかる、採算はとれないし、野鳥などにも影響がありそうだ」と述べている。

現在、全国には回らない風車が続出しているが、これには、カネの流れのカラクリがある。２０１０年以前は、その建設費の2分の1〜3分の1の補助金（税金による）が殆ど審査なしで出され、日本政策投資銀行などからは政府保証の住宅ローンよりもはるかに安い超低金利の融資を受けられ、所得税は優遇され、発電した電気は、電力会社が、その全量をかなり高額で買い取る義務を負う。本来は、CO^2削減のため資金力のないベンチャー企業やＮＰＯでも事業が起こせて利益が得られるように考えられた政策であるというが、電力会社や大企業が続々参入。全国には回らない風車が続発しているのだ。補助金目当てに次々と新設し、補助金制度がなくなると経営が破綻した例もある。

日本政策投資銀行の山家公雄なる人は、「風力発電による健康被害はすべて気のせいであることがハッキリした。風力発電は安く早く建設出来る世界の期待の発電事業で自然破壊も点と線に過ぎない。環境省は35dB（デシベル）などと言う厳しい規制をせずにもっと進めるべきだ」と述べている（※12）。

現段階では、35dBは、目標値（事業者が最低限守るべき目標値として推奨する値）として提案されているに過ぎないのであるが、この目標値が設定されれば、住民に健康被害をもたらしている風車は、殆ど停止せざるを得なくなり、貸し付け金の回収が滞ることへの危機感が、乱暴な発言をさせたと思われる。

私は、国策として、再生可能エネルギーを推進していくことに異論を挟むものではないが、それが風土を破壊するような形で、闇雲に進められてはならない、ましてや風土を培ってきた人々を苦しめるものではあってはならないと主張する。

※12　２０１３年３月、「２０１２年度　風力発電施設の騒音・低周波音に関する検討調査業務報告書」が取りまとめられた。これは、環境省請負業務として、中電技術コンサルタント（株）によってなされ、「A特性音圧レベル」（騒音レベル）で35dBが提案された。しかし、この数値は、「事業者が最低限守るべき目標として推奨する値」とされており、法律によってこの数値が決められたわけではない。

地産地消のエネルギーと私たちの風土

私は、和歌山の人々が原発阻止の闘いの中で、「自然エネルギーを増やし、原発依存から脱する」ことを掲げたことを評価している。と同時に「自然エネルギー」の創出・活用は、地域でつながなく循環する地産地消のエネルギーであることが大切だと強調したい。それは、地域（風土）を活かした「循環型の再生可能なエネルギー」であるべきだ。

地域住民の自治を基盤にした、地域で産みだされるエネルギー資源を枯渇させることなく、豊かに循環させていく社会・暮らしを創出していくためには、人々の智恵と努力と実践が何よりも求められる。循環に込めた意味は、風土の生態系のつながない循環であるばかりでなく、その風土における経済の偏ることのない、滞りのない循環でもある。更には、そこに暮らしている人々が培ってきた技術や智恵は、テクノクラートや資本に独占されることなく、況（いわん）や国家が囲い込むことのない、地域住民の自治の中で豊饒に育てられていく仕組みが大切である。

それらは、電気を作ることのみを目的にするのではなく、薪や炭を使う選択をも視野にいれた、バイオマス・バイオガスエネルギーの活用を広げ、風土の資源を大切にした、身の丈にあったエネルギーの創出であることを期待したい。

地域の資源と人々の智恵と努力とを活かした、地域の自治による地産地消のエネルギーの創出は、その地域の経済の活性化をもたらし、エネルギー効率も上がり、省エネルギーにも確実に繋がるのではないだろうか。

従って、自然エネルギーで電気を作る太陽光発電にせよ、風力発電にせよ、地熱発電にせよ、その地域で暮らす人々に被害をもたらし、地域の環境を損なうものであることが判明・検証された場合は、その地域の自治体は直ちに撤退させるべきだ。

暮らし・社会で使うエネルギーの全てを電気にしてしまうことは、エネルギーの無駄使いでもある。原子力発電がその最たるものであるが、巨大な発電所を集中・立地し、そこで作られた電気を、遠くへ運ぶための長大な高圧線は、電磁波の問題はもとより環境破壊をもたらすことも忘れてはならない。

風力発電の問題については、日本消費者連盟が低周波音の問題に取り組んできていたことから、その被害者の実情を知るに及んだのであるが、外国では、エネルギー効率も問題になっている。風力発電所には、風が急に止んだ時に備えて火力発電のバックアップが必要であり、常に低出力で蒸気を沸かして待機していなくてはならず、デンマークを除いたヨーロッパ諸国は、風力発電所の増加に伴い、化石燃料の消費量が増えてしまったと言われている。

自然エネルギーによる発電においても、資本が参入して規模が大きくなり、大きなカネが動き、地域は、そのおこぼれに預かるというカネの循環に自治体が埋没してしまえば、地域の自治が機能しない状況が生みだされる。和歌山県由良町の町長は、町には、風力発電を止める権限はないと嘯（うそぶ）いているのだ。

第25回多田謡子反権力人権賞を受賞した、「原子力発電に反対する福井県民会議」の松下照幸さん（※13）は、その受賞発表に因んだ「再生可能エネルギーと美浜町の未来」と題した講演において、ベルリン自由大学のミランダ・シュラーズ教授の次のような言葉を紹介された。

大きな会社が再生可能エネルギーに参加することは、現状の制度を前提とするが、市民が再生可能エネルギー生産に関わることは、制度を変えることに繋がると――。

私は、ここで、登場してくる市民とは、国家（権力）に迎合せず、地域を主体的に担っている人々であると捉えている。市民が自治を担っていく地域では、風土に根ざした「食」をも取り戻し、風土の資源を活かした産業をも活性化させていく智恵と力を産み出す。そして、経済的にも自立し、文化も豊かに育まれるのではないだろうか。そのような地域で生きる人々は、老いも若きも、女も男も、障害をもっている人もそうでない人も、生きていく活力、希望を見出すのではないだろうか。

※13 元福井県美浜町町会議員の松下照幸さんは、地元で「森と暮らすどんぐり倶楽部」を立ちあげ、自然体験活動を通して林業での地域ビジネスモデルやバイオマス発電事業などを具体化している。

私たちの生きる場に全てを取り戻す

東日本大震災、それに引き続く犯罪的人災とも言うべき福島における原発震災以後の、この7年間の日本という国家の在りようは、福島の復興への道程は遠く、若者はもとより、人々の希望をそぎ取る方向にしか動いていない。現在の安倍政権による政治は、これまでも希望を毟（むし）り取られてきた人々を、絶望の淵に追い込み、1％程度のほんのわずかの人々の利益を満たすという方向にひた走っている。

２０１３年、安倍政権は国家安全保障会議の創設に次いで、師走12月６日には、特定秘密保護法を強引に成立させた。そして、年が明けた２０１４年には、解釈改憲によって集団的自衛権の行使の容認を目論み、「武器輸出禁止３原則」についても、武器輸出を前提とする「防衛装備移転３原則」が閣議決定されてしまった。憲法改悪への布石も進められている。

戦争準備法と位置づけられる特定秘密保護法に関しては、応募されたパブリックコメントでも反対意見が多かったが（※14）、２ヵ所でしか開催されなかった公聴会でも、反対意見が際立った。２０１３年11月25日、福島で開催された公聴会で公述した方たちは、与党推薦者を含めた７人であったが、７人全員が反対意見を述べた。

福島県では、すでに、２０１３年10月９日、県議会において「特定秘密の保護に関する法律案に対し慎重な対応を求める意見書」が採択され、衆・参両院議長及び内閣総理大臣宛てに提出されている。

７人の方たちのそれぞれの立場からの陳述は、特定秘密保護法の問題点を浮き彫りにしたが、原子力発電の本質をも炙（あぶ）り出した。

原子力発電は、差別・格差の構造の上でしか成り立たないが、その構造は中央（権力）による地域・人々からの収奪・人権の抑圧によって作り出されてきているのだ。

福島は、かつては豊かな風土を培っていた。私は、福島の風土の変容に、江戸中期

※14　政府のパブリックコメントは、通常の募集期間は30日であるが、「特定秘密保護法」（案）に係るパブリックコメントは、２０１３年９月３日〜17日の15日間だった。にも関わらず９万４８０件の意見が届き、うち77％が反対意見だったと報道されている（２０１３年９月23日付朝日新聞による）。

の思想家安藤昌益を思い起こしている。私は、昌益が主張した「直耕」とは、正しく大地を耕し、大地（環境）と正しく縁（関係性）を結ぶことであると捉えている。人と人の関係性においても、自然と人との関係性においても、地域と地域の関係性においても、収奪・被収奪という関係ではない、共に響き合う関係性を基盤にして、各々が生きる風土を、豊かに培っていきたい。

現状では、ある地域が辺境として貶（おとし）められ、直耕が歪められ、本来は、そこで生業を営む人々が享受すべき風土の豊かさは掠（かす）めとられてしまっているのだ。

破壊された地域

原子力発電所は、このように歪められ、貶められた風土に立地された。福島第1原子力発電所は、「福島県のチベット」とか「浜通りのチベット地帯」とか呼ばれていた双葉郡大熊町に建設された。当時の大熊町は、太平洋に面しながら近くに良港はなく、農業以外に産業はなく、農閑期になると男性の8割近くが関東に出稼ぎにいくという地域であった。この原発の誘致・立地に対して隣接する双葉町を中心にして、「双葉地方原発反対同盟」が反対運動を繰り広げたが、大熊町では、それほど強い反対運動や安全性を問う声は出なかったのだ。

『「原発さまの町からの脱却」―大熊町から考えるコミュニティの未来』（2013年11月発行　岩波書店）の著者、吉原直樹さんは、3・11直後、相双地区からの被災者に対する聞き取りに際し、「原発さま」という言葉を良く耳にしたという。そして、「一瞬のうちに生活のいっさいを失い、今後被曝の恐怖と向き合わざるを得ない被災状況に置かれながら、『原発さま』とは……」。

吉原さんは、正直言って、信じられなかった。しかし、相双地区、とりわけ大熊町が戦後たどってきた道を後追いするなかで、「『原発さま』という言葉が、原子力発電所に丸ごと取り込まれた大熊町民の生活と意識をごく自然にあらわすものであることが理解できるようになった」と言う。

大熊町においては、原発の建設に伴う雇用の拡大があり、町の財政についても原発マネーへの依存が高まり、それが上水道や道路の整備、公共施設建設等に使われ、そのことによって人々の生活環境が底上げされ、町民に「原発さま」という意識をもたらした。

だが、稼働へと向かう過程で、地域でプラスと考えられていたことがマイナスに反転するといった事態が生じ、立地時点で膨らんだ「原発さま」という意識が一種の「行く先不明の状態」に陥っても、「原発さま」は依然として町民意識の底流をなしていたのだと、吉原さんは考察された。そして「原発さまの町」の理解にとって改めて鍵となるのは、生活の「私化」であると分析されている。

吉原さんは、「今日まで途切れなく続いてきた戦後日本は、国家でも個人でもない地域社会に代表される中間集団（私は、この集団を風土と呼びたい）が解体し、個人がさまざまなリスクと直接向き合わねばならなくなった時代状況（個人化＝第二の近代化）と重なり合うことにな」り、「大熊町が『福島県のチベット』から『原発さまのまち』へ移行する過程において、個人が原発による便益体制にしっかりと組み込まれ、私化していくなかでみることができる」と述べている。私化（＝個人化）が極限的な「かたち」で立ち現れたのが、「あるけど、ない」コミュニティ状況であるのだ。「部落組織が行政に組み込まれることによって、それまでの共同性を喪失してしまっているという事態は、買収する東電と県にとってはきわめて好都合」であったわけだ。

このような事態は、福島のみならず原発が立地されてきた、他の地域にも通底するのではないだろうか。

地域で、吉原さんが指摘しているような私化が進んできている状況の下で、3・11直後、強制に近い「選べない移住」を強いられた人々の、家庭生活の分断、被災地内やそれを超えたところでもみられてきている家庭生活の分断、地域生活の格差や分断は容易に解消できない。それらは、「上」から、或いは外から作られたものであり、人々は、政府や専門家、ネットでの情報に振り回され、明確な基準や情報がないまま判断を強いられた。

この無念さが家庭生活や地域生活の分断を解消するのではなく、むしろ深める方向に作用している。「原発さまの町」からの脱却を探ろうとすれば、地域に原発が強要されたことによって生じた場所剥奪が、地域が原発を能動的に受容したことに起因する生活の私化＝個人化の進展とともに深化しているという事実に目をそらすべきではないだろうと、吉原さんは指摘されている。

そして、場所の回復も「原発さまの町」からの脱却も、避難民が一貫して脆弱な立場に置かれていることの不当性をなくすと共に、この私化を相対化することが不可決だと述べておられる。一方で、大熊町の人々の避難先である仮設住宅でのお仕着せの「国策」自治会から立ち現れた「サロン」と「大熊町の明日を考える女性の会」を取り上げ、「原発さまの町」からの脱却の可能性を提示されている。

両者の自治会への距離の取り方をひとつとってみても相当の隔たりがあり、組織の在り様や活動もかなり異なる。だが、そこで人と人との出会い、交わる形には内に閉じていくのではなく、外に開いていこうとする点で共通のものがあり、何よりも活動の基軸を生活の私化から「生活の共同／協同」へと移そうとする点であり、それは、「原発さまの町」の原構造をあぶり出し、それを相対化しようとする動きだと分析されている。

大熊町ばかりではなく、原発震災以後、福島の人々の、困難な暮らしの中での葛藤は、筆舌に尽くせない。しかし、その葛藤のなかで、地域の生活の共同／協同へ向けての弾みのある動きが見出せるのだ、という。

私は絶望はしません

原発の電気を頼り、各地域からの労働力の寄せ場としてある、電気の大消費地都市の暮らしの場においても、一人ひとりの暮らしは分断され、人々は「分衆」と位置付けられて、際限のない消費を煽られている。「自治会」なるものはあるが、それはお仕着せのものであり、その殆どは、住民の自発的コミュニティを形成していくための役割を果たすものではなく、行政当局のお達しを伝える機能しか有していない。そのような自治会に電力会社が仕掛けた、原発立地地域を訪ねる、無料・お弁当つきの「バス視察」が持ち込まれたりしてきているのだ。電気の大消費地首都圏の住民の殆どは、自らが使う電気がどのようにして作られ、運ばれているのかには、関心を向けていなかったのだ。そして現在もこの状況は変わっていない。

私たちの暮らしは、風土に根ざした生産と消費は断ち切られ、国家と資本の意のままに操られてきている。気付いたものが、このような状況を変革しようと多様な行動を展開してはいるが、状況は良い方向には転換していない。

無念だが、私は絶望していない。もっと言えば、共に渾身の力を込めて絶望を乗り超えて、未来へ向けて、希望への燭光を見出し、一歩一歩希望への布石を踏み固めていこうではないか。

第7章　だまされた　だから声をあげつづけませんか

反省しない国と電力会社

現在の私たちの暮らし・社会の状況を重ねながら希望への可能性を探ってみよう。２０１１年3月11日以前は、首都圏の人々は、中越沖地震に襲われた東京電力の柏崎・刈羽原発のことなど、忘れ去ってしまっていたのではないだろうか。

柏崎・刈羽原発もまた、福島原発と同様、東京電力が所有している原発だ。中越沖地震当時、定期検査中であったので、あわやの事故は免れたが、大惨事が起きる可能性はあったのだ。

犯罪的人災とも言える福島第1原子力発電所における過酷な事故により、環境に大量に放出された放射能が、食べ物や水や空気の汚染をもたらし、人体へも影響が及ぶという現実に直面し、人々は福島を意識した。政府の発表・対応は、人々を侮っているとしか言いようがないものであったが、一方で、政府への不信の声があがり、被曝を避けるための取り組みが主体的に始まり、脱原発の新たなうねりが巻き起こった。

しかし、国の政策及び電力会社の構えは変わってはいない。２０１４年4月に、政府が閣議決定した新たな「エネルギー計画」は、あの過酷事故の教訓を何ひとつ生かさず、1万9千通に及ぶパブリックコメントの意見における原発の是非に関する意見をきちんと反映させていくための分析をしたとは捉えられない。

パブリックコメントをまとめた結果として、原案の「原発は基盤となる重要なベース電源」を「重要なベースロード電源」と訳の分からない言い替えをしただけで、方針は原案に沿って、原発の再稼働はもとより、核燃料サイクル計画をも推し進めていくエネルギー政策を打ち出している。これでは、始めに答えありきのパブリックコメントの募集ではないか。

この新エネルギー計画は、私たち主権者の声を無視しているばかりでなく、自民党・公明党が2012年の衆議院議員選挙で掲げた公約が、ないがしろにされている。自民党は当時も原発の再稼働には積極的であったが原発については、「原子力に依存しなくてもよい経済・社会構造の確立を目指」し、「脱原発依存」を掲げ、公明党は、期限こそ明示しなかったが、「可能な限り速やかに原発ゼロを目指す」との公約を掲げていたではないか。政権党のこの公約違反は、私たち主権者を愚弄している。

報道によれば（2014年3月2日、東京新聞朝刊）、共同通信による2014年2月中旬から下旬にかけてのアンケートの結果、「全国の原発の半径30キロ圏にある156自治体のうち、原子力規制委員会が審査を終えれば原発の再稼働を『容認』すると答えたのは、条件付きを含めて約2割の37自治体にとどまること」が分かったという。

ところが、政府・電力資本は、新たなエネルギー計画を引っさげて、原発が動いていない、というより動かさなくてもよい状況の中で、再稼働の一番手として九州電力の川内原発（鹿児島県薩摩川内市・２０１５年８月１号機再稼働）に照準をあてた。

巨大地震は必ず起こる

西日本新聞が、火山活動が国内の17ヵ所に立地している原発に及ぼす危険性について、全国の火山研究者にアンケートを実施したところ、噴火被害を受けるリスクがある原発として川内原発を挙げた回答者が、29人のうち18人にのぼった。しかし、川内原発については、原子力規制委員会が新規制基準への適合性を優先的に審査している。

このアンケートは、火山学を専攻する全国の大学教授、准教授ら83人に郵送やメールで依頼。全国の原発で最大60年の稼働期間とその後の使用済み燃料の保管中に周辺の火山が噴火した場合の火砕流などの被害を受けるリスクの有無を原発ごとに尋ねたところ、姶良(あいら)カルデラ（鹿児島湾北部）から約40㎞北西にある川内は18人が「リスクがある」と回答。ついで泊（北海道）15人、東通（青森）13人、熊本県の阿蘇カルデラから最短で１２０㎞北西に位置する玄海（佐賀県玄海町）では８人だった。原発は火砕流が直撃しなくても大量の降灰で電線の切断や建物への影響などが懸念される。各原発の再稼働の是非について尋ねたところ、「再稼働すべきでない」は、川内が最多で13人、泊10人、東通８人、玄海６人で、３人は全ての原発について再稼働すべきでないと答えた。規制委員会の審査についても「あまり議論が尽くされていない」・「全く尽くされていない」が14人に上った。加えて、原発から出る高レベル放射性廃棄物（死の灰）について、政府は３００ｍの地下に埋める「地層処分」を目指しているが、10万年単位の管理が必要とされる。「その間に巨大噴火が起こるのは確実。安全な保管が本当にできるのか疑問だ」との三宅康幸信州大教授と同様の見解も複数寄せられたという。

以上のような真っ当な意見があがっているにも関わらず、規制委員会が川内原発に係る火山の影響について、たった2回の審査で影響なしと結論づけているのは、納得できない。また、このアンケートは、噴火リスクに係るアンケートだったので、他の原発の名はあがらなかったが、３人の回答者が全ての原発について再稼働すべきではないと答えている。柏崎刈羽原発や浜岡原発はいわずもがな、四国では伊方原発が立地する佐田岬半島は、断層の巣であるのだ。

原子力発電所はどこにも建ててはならないが、とりわけ地震列島日本には決して建ててはならない代物だ。

川内原発に事故が起きれば、日本列島の上空には偏西風が吹いているので、放出された放射性物質は全国に拡がるのだ。伊方原発で事故が起きれば、放射能は、約３０００万人が暮らしているという瀬戸内地域ばかりでなく、全国土に拡散するだろう。

これ以上、日本列島を放射能汚染させてはならないし、他の国にも迷惑をかけてはならない。

だまし、うそをつき　建てられる原発

原発は、事故を起こさなくても、放射能を環境に撒き散らす。川内原発は、日本で唯一の河口にある原発で、海洋生物に与える影響は大きい。原発が稼働していた時は、死亡したウミガメが海岸に打ち上げられたり、魚が死んだり海藻が全滅したりで、漁獲量は減っているが、原発が止まっていた段階では、このような事態は起こっていない。ところが県は、原発がもたらすこのような事態にも、原発は関係ないとの見解を堅持している。そして、ウミガメ監視員も相手が九州電力だと動かないのだ。2011年3月11日の福島における過酷な原発事故から教訓を得ることなく、この地域でも自治体ぐるみで「原発さま」を罷(まか)り通らせているのだ。県を始めとする自治体が、今なお、「安全神話」に縋(すが)りつこうとしているのは、「原発マネー」に呪縛されているとしか言いようがない。

だが、南日本新聞社が川内原発1、2号機の再稼働について鹿児島県内で実施した電話世論調査によると、「再稼働に反対」は33・5%、「どちらかと言えば反対」は26%で、合わせて59・5%（前年比2・8%増）、「賛成」は14・7%、「どちらかと言えば賛成」は22・1%で、合わせて36・8%（前年比2・4%減）だった。

高橋哲哉さんは、原発は犠牲のシステムの上に成り立っていると指摘されている。前述したように、福島の原発は首都圏で使う電気を賄うために建てられた。首都圏の

住民は、その電気を享受し、福島の人々はその危険性を負う。原子力発電は、地域・人々のいのちと暮らしを常に脅かしているが、いのちを育む環境は放射能汚染され、他の生き物たちも放射能に蝕まれている。

決して建ててはならなかった原発の誘致は、首長が突如誘致を発表したり議会が誘致決議を挙げたりするなど、自治体が率先して推進し、反対する人々を蹴散らして、原発は建てられてきてしまったのだ。

1969年7月、町長が町議会で原発誘致を発表した伊方原発の例にみるように、すでに町は、この時点で業務委託契約を四国電力と結んでおり、職員や町議会議員を動かして敷地内の関係地主と用地買収の交渉をしており、地主123人中110人が契約に仮調印していたという。誘致は住民の声を聞くこともなく、土地買収も地主には原発用地とは知らせずに進められていたのだ。契約に納得しない地主16人は、「契約は、原発と知らされず仮契約として応じたもので、錯誤によるもの」と契約を破棄したが、四電は「契約有効確認」の訴訟を提訴、地主側は裁判に負けた。

裁判所もまた、三権分立の矜持（きょうじ）を放棄したのだ。因みに伊方原発に関しては、1号炉については、73年8月に「設置許可取り消し」を求めて提訴、松山地裁、高松高裁で棄却、最高裁まで持ち込んだが92年10月に棄却。2号炉の設置許可取り消しの裁判は、78年6月提訴、2000年12月に松山地裁で棄却されている。原告はいずれも30㎞圏内の住民であった。

自治体や裁判所も与した、原子力発電の推進に対峙して、反原発の取り組みは、果敢に持続的に展開されている。１９７０年以後、新たな地域での建設を許さなかったことは前述したが、原発が建てられてしまった地域でも差し止めを求める裁判を起こすなど、粘り強い反対運動が続けられている。地域での増設は阻止できなかったが、３・11以降、各地域では、再稼働反対を高く掲げた新たな運動の展開が盛り上がっている。

声をあげ続けたけれど……

九州電力管内には、佐賀・鹿児島の両県で6基の原発を抱えている。２０１１年３月31日、脱原発を求める人々が九州電力に公開説明会を要請したが、回答日の４月20日までに説明会が開かれなかったため、当日から24時間体制で原発停止と九州電力の誠実な対応を求める座り込みが始まり、その日の内に九電本店ビル前わずか10ｍ（16歩）の場所に簡易テントを設置、「原発とめよう！九電本店前ひろば」（ひろば世話人・青柳行信さん・当時）が開かれた。テントは毎日、朝10時から立て17時には畳む。機材を置いて帰ることも認められなくなってからは、車で重たい機材を持ち帰るが、作業は３〜４人で30分位かかるという。３・11から半年後に立てられた東京の「経済産業省前テント」は、当番が交替で寝泊まりしながら守られていた。現在はテントは撤去されているが、経産省前の座り込みは続けられている。いずれも、国・自治体・電力会社・右翼の介入等をはね除けて、原発を止めたい人々が寄り合い、原発ゼロに向けての取り組みに力を注いでいる。

どちらも、福島のような事態は二度と起こさせてはならないという固い意志表示が続けられている。私たち大人は、未来を担う子どもたちから、原発を建てさせてしまった責任を問われている。

２０１４年３月８日、福島県の３ヵ所で「原発のない福島を！　県民大集会」が開催された。私は郡山市の集会に参加したが、来賓として発言した女子高校生の仲野瑞保さん（安積高校1年生・第16回国連平和大使（当時））の言葉が、深く胸に迫った。

> 事故が起こった今、国や東電に責任を取れと大人達は言うけれど、もしそんな大人たちが原発に反対してきたのならば、こんなことにはならなかったはずです。今、目に映っている世界を、あなたの子どもや孫に誇りを持って譲り渡すことができますか。

彼女は、反対した人もいたけれどと付け加えたが、仲間たちと共に原発反対の取り組みをしてきた一人である私には、事故が起こる前に止められなかったという事実が重くのしかかってきた。

この集会で連帯挨拶に立たれた大江健三郎さんは、義父の伊丹万作さん（映画監督・故人）の言葉を紹介された。

大江さんは、「戦後『自分たちは騙されていた』と語り、自らの責任から解放された気でいる日本人の姿をみて、万作は暗澹（あんたん）たる気分を抱いていた」と、伊丹さんの言葉を絞りだすように話された。

原発は、準国産のエネルギー、エネルギー危機や地球温暖化の救世主、地域に活性化をもたらすという「うまい話」が、原発の安全神話と共に人々の意識に莫大なカネが使われて刷りこまれ、その上に電源三法による日常の金銭感覚とは桁違いのカネが地域にばらまかれた。国策という「殺し文句」もあった。身内を攻めるなど搦め手からの脅しもあった等々。私は、胸中を一瞬よぎったこのような「言い訳」を忸怩たる想いで、慌てて打ち消した。

敗戦を12歳で迎え、戦後の社会の大部分の歳月を担い、現在ここに生きている大人としての責任が、私にも問われているのだ。

責任をとらない日本というシステム

私は、今、２０１３年７月７日、に開かれた国際シンポジウム「平和の海を求めて—東アジアと領土問題」で発言された金泳鍋さん（元韓国産業資源省長官・檀国大学碩座教授）の以下の言葉を噛みしめている。

ドイツの、歴史に対する徹底的な反省と果敢な補償措置に、ある種の感銘を受ける。いまEUにおいて、ドイツが出れば、ヒトラーのリーダーの記憶を引き起こすことを避けるため、むしろEUの後ろに立って大きなスイスをめざしながら、ヒトラー政権の登場はヒトラー独りの責任ではなく、ドイツ市民の責任であることをしっかりと認識している。

他方、日本は過去史を精算することなしに独島・竹島問題、尖閣諸島問題、慰安婦問題を強弁する立場をとりながら、もう一度アジアのリーダーになりたいという野心で、国の最高責任者たるものが機体番号「731」（※15）の自衛隊練習機に試乗して、日本市民社会のナショナリズムを引き起こす姿勢を見せている。

金泳鍋さんは、日本の保守政権のナショナリズムが、歴史を逆流させ東アジアの領土ナショナリズムの悪循環を招くことを懸念されてきていたが、アジアの市民社会の大きなネットワークが、その逆流を克服することを期待された。


日本が仕掛けた侵略戦争では、2千万人のアジアの人たち、310万人の日本人のいのちが奪われた。沖縄の地上戦では、4人に1人の住民が殺されている。

私たち一人ひとりが主権者であることが明記され、第9条に「戦争の放棄・戦力の不保持・交戦権の否認」を高らかに謳った日本国憲法は、多くの人々のかけがえのないいのちを奪う戦争を、再び起こしてはならないことを決意して制定・施行されたのだ。

しかし、私たちは主権者として、この日本国憲法を活かしてきたであろうか。否と応えざるを得ない。憲法を軽んじる政権を選んできてしまっているからだ。

2014年5月15日、安倍首相は記者会見で、首相の私的諮問機関である「安全保

※15　731部隊は、第二次世界大戦期の「大日本帝国陸軍」に存在した研究機関のひとつ。当部隊は、6㎞四方の広大な敷地の中で、ありとあらゆる人体実験を行っていた。材料として捕えられた人は「マルタ」と呼ばれていたという。

障の法的基盤の再構築に関する懇談会」（安保法制懇）の報告を受け、「集団的自衛権の行使」に係る憲法解釈を変更し、容認することを検討するとの考えを表明した。

首相は記者会見で、これまで集団的自衛権の行使を禁じてきた歴代内閣の憲法解釈に関して、「国民の命と暮らしを守る法整備が、これまでの憲法解釈のままで十分にできるのか、検討が必要だ」と強調したという。

だが、「恒久の平和を念願し」、「平和を愛する諸国民の公正と信義に信頼して、われらの安全と生存を保持しようと決意し」、「全世界の国民が、ひとしく恐怖と欠乏から免かれ、平和のうちに生存する権利を有することを確認」している憲法が活かされていないからこそ、私たちのいのちと暮らしが脅かされているのが現状だ。

安倍首相は、私たちのいのちと暮らしをだしにして、日本を戦争が出来る国に変節させようとしている。加えて経済復興のためと称して、福島の原発震災はなかったかのように、原発の推進に邁進。原発輸出さえも臆面もなく進めている。

ドイツでは、福島の原発震災後、一時停滞していた脱原発政策を蘇らせている。

私たち、日本という国家で生きている一人ひとりは、正念場に立たされているのだ。国家が画策し、私たちに押しつけてきている不条理を押し止めていくことこそ、老いも若きも女も男も、私たち大人が担うべき責任ではないか。

「原子力文化振興財団」なるものがある。原子力文化とはいかなるものなのか。私は、権力・権威に押し付けられ、いのちや環境を脅かすものは文化と呼ぶべきではないと断言する。

文化とは、人々が自然と共生しつつ切り拓いてきた生存圏・生活圏（風土）で営まれる風土に根ざした暮らしの中で育まれ、たわわに実った智恵や技術、自らの身心と内なる自然が渾然一体となり醸しだされた妙なる音楽や造形物、そして風土で生き抜く自らの生と向き合う過程で培われた思想や学問や制度であると捉えている。風土に生きる人々のいのち、そこに息づく他のいのちと環境が響き合って涵養した文化は、決していのちや環境を脅かさないと考える。

そして、女も男も、老いも若きも、障害者を持った人もそうでない人も、生き生きと暮らせる社会こそが、いのちや環境を脅かさない文化の土壌となり得るのではないだろうか。

私たちが生きる社会には、戦争・核兵器・原発はあってはならない。

繰り返さないために

ここで、原子核物理学者の水戸巌さんが、『情況』（1975年10月号・情況出版）に寄せられた論文を紹介しよう。

原発の危険性を理解するのに必要なものは知識ではない。必要なのは論理である。極端な言い方をするならば、論理をもたない余計な知識は、正しい理解を妨げることさえある。

一例をあげよう。原子炉の中にはヒロシマ原爆1000発分の死の灰が内蔵されている。この潜在的危険性を第一に据えるというのは論理の問題である。これをあいまいにしたまま、原子炉には、この死の灰を外に出さないための防護壁があり安全装置がある、それは×××と△△△と……並べたところで、ヒロシマ原爆の１０００発分の潜在的危険性がなくなるわけではない。

とり返しのつかない巨大な潜在的危険性に対しては明確な論理をもたねばならない。それは判断の基準を最悪の事故がおきたときの結果におくということなのである。交通事故といっしょにしてはいけない。この論理をぬきにした余計な知識は健全な判断をくもらせるだけである。

水戸さんの「巨大な潜在的危険性」に対する明確な論理は、真っ当であり、原発はいらないと主張している私たちにとっては、当たり前の考え方である。だが、今、私たちが生きているこの社会では、論理を立てる道筋が歪められてきてしまっているのではないだろうか。

科学と工業化を生みだした「文明」は、その仕組みを決定する過程から、殆どの女たちを阻害した。

ブライアン・イーズリーは、その著『核の終焉』で、「人間的で、合理的な、文明的な社会」とみなされたものの成長が、「社会進歩を促進するために、男性が女性に自分たちの価値体系を押しつける両性間の闘いとしても解釈され得る」と分析し、以下のように述べている。

女性と男性にとって性による分業がなくなり、すべての年齢層で、性的抑圧が終わるか、著しく弱められるまでは、核にせよそうでないものにせよ、恐ろしい戦争兵器の生産に終止符を打つことはできないだろうと。

エイモリー・ロビンズとL・ハンター・ロビンズが、彼等の著書『エネルギー／戦争』の中で、賢明にも指摘しているように、多くの思慮深い核物理学者が、すべての核分裂を不可能にする魔法の杖があったらいいのにと、たびたび望んだに違いない。けれども、その杖がかりに振られたとしても、「人間中心的で、家父長的で帝国主義的な文化を永続させる精神的な前提条件」を逆転させることができなければ、元の木阿弥になってしまうだろう。

戦争は、人々を殺戮する。その戦争のために、人々を殺戮するための武器が、国家の威信をかけて開発される。毒ガスも核兵器も戦争を遂行するために開発された。戦争は起こさせてはならないが、戦争のために開発された巨大な科学技術もまた、社会に受け入れてはならない。それらは、いかにコントロールされたとしても、いのちを阻害し、環境を汚染するものであり、とりわけ「核の利用」は、一度事故が起きれば取り返しがつかなくなることは、無念だが、立証されている。

原子力（核）がもたらす巨大なエネルギーは、制御しなければ利用できない暴力的なエネルギーだ。その制御は、どんな事態においても絶対安全であるとは断言できない。その上に、核エネルギーの利用は差別構造・騙しの構造の上でしか成り立たない。

放射能とは切っても切れない縁がある原子力の利用に係る負の影響は、世代を超える。どんなに安全に留意して稼働したとしても、また、自然災害に備える装置を開発したとしても、原子力発電によって生み出される死の灰を未来に押しつける。

放射線は、大人より子ども、子どもより胎児により多く影響をもたらす。いのちを生み出す卵子や精子を傷つける。

核反応によるエネルギーの利用は、その巨大性・暴力性故に、国家の采配の下に、テクノクラート・資本に牛耳られる必然から逃れられない。

スリーマイル島原発の地元に住むメアリー・オズボーンさんから、1988年8月に、日本の私たちに寄せられたメッセージには、次のような言葉が打ち込まれている。

少し前に、私は、ふつうの母親や父親が原子力に関わる「専門家」になる必要はないと気がつきました。本当に必要なのは「人間として持たなければならないあたりまえの常識」だけであり、まさしくそれは原子力を推進している人たちに欠けていることです。

私もまた人間の一人として、そしてこの地球上に息づくいのちのひとつとして、持たなければならない「あたり前の常識」を涵養し、その当たり前の常識を貫いていく生き様を期していきたい。

各々が生きる風土で、そこに生かされている環境と正しく縁を結び、自立・自律した生業を営みつつ、豊かな風土を培う主体的な担い手になる。培われた風土は、そこに主体的に生きる人々の真っ当な論理が、まっすぐに通る社会を創出する基盤になるに違いない。

私たちには生き続ける権利があります

2014年5月21日、福井地方裁判所において、樋口英明裁判長によって読み上げられた「大飯原発3、4号機運転差止請求事件」の判決文の「はじめに」では、「生存を基礎とする人格権が公法、私法を問わず、すべての法分野において、最高の価値を持つとされている以上、本件訴訟においても個人の生命、身体、精神及び生活に関する利益は、各人の人格に本質的なものであって、その総体が人格権であるということができる」として、「人格権は憲法上の権利（13条、25条）、また人の生命を基礎とするものであるがゆえに、我が国の法制下においてはこれを超える価値を他に見出すことはできない」と、人格権を位置づけ、「この人格権とりわけ生命を守り生活を維持するという人格権の根幹部分に対する具体的侵害のおそれがあるときは、人格権そのものに基づいて侵害行為の差し止めを請求できることになる」と規定し、「その侵害形態が多数人の人格権を同時に侵害する性質を有するとき、その差止めの要請が強く働くのは理の当然である」と、真っ当な論理が展開された。

被告・国に対しては、「被告は本件原発の稼働が電力供給の安定性、コストの低減につながると主張するが、当裁判所は、極めて多数の人の生存そのものに関わる権利と電気代の高い低いの問題等と並べて論じるような議論に加わったり、その議論の当否を判断すること自体、法的には許されないことであると考えている。このコストの問題に関連して国富の流出や喪失の議論があるが、たとえ本件原発の運転停止によって多額の貿易赤字が出るとしても、これを国富の流出や喪失というべきではなく、豊かな国土とそこに国民が根を下ろして生活していることが国富であり、これを取り戻すことができなくなることが国富の喪失であると考えている」との裁判所の意見を提示し、最後に以下のように論破し、原告らの請求を認容すべきであるとの「結論」を導きだしている。

また、被告は、原子力発電所の稼働がＣＯ$_2$排出削減に資するもので環境面で優れている旨主張するが、原子力発電所でひとたび深刻事故が起こった場合の環境汚染はすさまじいものであって、福島原発事故は我が国始まって以来最大の公害、環境汚染であることに照らすと、環境問題を原子力発電所の運転継続の根拠とすることは甚だしい筋違いである。

日本の近代の国家の施策は、「富国」を標榜して「強兵」を国是とした。町から村から働き盛りの男たちが徴兵され、村々、町々の暮らしは疲弊した。私は戦中世代であるが、私が育ち盛りの頃、銭湯の脱衣所で「子を頌（たた）う」という歌が絶えず流されていたのを記憶している。その歌は、日本国家が目指していた「富国」とは、他の国に攻め入って、領土を広げることを示していたのだと、大人になってから思い知った。

2千万のアジアの人々を殺戮し、310万の日本人がいのちを奪われた。

戦争は、その勝ち負けに関わらず、風土とそこに暮らす人々に、戦果ではなく戦禍を押しつける。それが紛うことない戦争の本質だと、私は捉えている。しかし、勝っても負けても戦果を得る人々も少数ではあるが、必ず存在するのも事実である。

一方、大飯原発の差し止め裁判で提起された「国富」とは、生存圏・生活圏として培われた豊かな国土と、そこ根付いた暮らしを指している。

この判決からは、風土に息づく生き物たちの息遣いが聴こえてくるようだ。子どもたちに手渡していくべきは、人々が自然と一体となって培った豊かな風土に抱かれて、恙(つつが)なく生き生きと自らのいのちを全うできる社会ではないだろうか。

だが、いのちと暮らしを大切にする視座からみれば、決して私たちの社会には受け入れられない原子力発電に関しても、それを動かし続けることによって利権を得る人々が必ずいるのだ。

2014年7月1日、安倍政権は、「積極的平和主義」(※16)の本来の意味を歪め、国民のいのちや暮らしを守るためと称して、憲法の解釈をねじ曲げて、集団的自衛権の行使の容認を閣議決定した。集団的自衛権の行使は、海外で戦争することに外ならない。第二次大戦以後引き起こされた戦争は、集団的自衛権行使を大義名分に掲げて遂行されたのだ。

安倍政権の暴挙は許せない。

※16 日本国憲法で打ち出された「平和的生存権」は、私たち一人ひとりの「権利」としての平和である。

今や私たちが、平和憲法を高く掲げて希求する社会の実現は遠のきつつある。私たちは、日本国家の暴走をくいとめていこうではないか。

戦争も核兵器も核電力も拒否し、この地球上で「生」を営むいのちを何よりも大切にする社会の創出に全力を尽くすことが、今、ここに生きている私たち主権者の責務ではないだろうか。私もその一人として微力ではあるが、これからも一層力を尽くすことを期している。

最後に、これまでも微力ではあるが行動することによって、計りしれない縁に恵まれたことを感謝したい。

第8章　草の根の巨人がいました
～所 秀雄さんに教えを受けて

対談（前編）　神田浩史 × 富山洋子

垂井町に種を蒔きました

富山　本日は、ご多用中お時間を割いていただきまして、ありがとうございます。私が神田さんに初めてお目にかかりましたのは、２００６年に大阪で開催された「きれいな水といのちを守る合成洗剤追放全国連絡会」（※1）の29回全国集会で、世界の水問題についてのご講演をお聴きした時だったと記憶しています。

神田さんは、そのご講演で、世界中の人々に眼差しを注がれた視点で水問題を見据え、日本に生きる私たちの日々の暮らし方にもつながっていることを明らかにされました。そして、では私たちはどうしたらよいのかと提起されました。私はその問いかけに、目からうろこが落ちるように感じました。

私は、世界中のどこでも誰でも安心して利用できる水を手に入れることが出来る社会を、自らの暮らしを基盤にして求めていこうと及ばずながら意を固めました。

※1　現在は、きれいな水といのちを守る全国連絡会。

現在神田さんは、岐阜県垂井町で「穏豊社会」（※2）を目指して活躍されています。そして、そのご活躍は、垂井町における「住民自治条例」の制定に向けての取り組みにも、多大な力を発揮されました。

私はこの度、垂井町の自治条例（案）は、垂井町に住んでおられた所秀雄さん（※3）が先に私案を起草されたとお聴きし、所さんのお力の大きさを改めて感じています。私は、「ふーどアクション21」の代表世話人を引き受けて下さった所さんと共に行動致すご縁を得て、多くを学ばせていただきました。

住民自治条例は、今私が暮らしている千葉県浦安市でも制定を求める動きが起こりつつあり、私も及ばずながら仲間たちと共に行動していますので、垂井町でのお取り組みから学びたいと思っております。

神田　ちょうど、今年が所さんが生まれて100年目です。おつれあいのやなぎさんは、ここ2年くらい体調がすぐれずに、私は月一回くらい伺うんですけど、調子のよいときにしか、お話ができないんです。

それでやなぎさんと上手く話ができなかったということがあって、100年がらみでなにかイベントをやりたいと私の頭の中にはあったのですが、年内に上手く話ができずにいました。

やはり垂井で所さんの存在の大きさ、垂井だけではないですけどね。今のご時世こそ、所さんの生き方を思い出す必要があると思います。

※2　特定非営利活動法人泉京垂井は、揖斐川流域で、「穏豊社会」を目指して多種多様かつ多数の事業を行っている。例えば、ごみ減量の啓発活動や揖斐川流域ＥＳＤ（持続可能な環境学習）事業等。

※3　1918年岐阜県生まれ。1941年東大法学部を卒業後、農林省に入省。1962年、畜産局畜政課長を最後に退官。（株）ゲン・コーポレーション（畜産関連の会社）を設立。1986年頃より市民運動に参加し、1988年「長良川を愛する会」代表世話人、1990年「安全な食と環境を考えるネットワーク」代表まとめ役、1994年「ふーどアクション21」（食の自給と安全をめざす基本法制定のための全国行動）代表世話人。1996年「み

富山　冒頭に申し上げましたように、たくさんのことを私もまた学びました。

神田　所さんが蒔いて下さった種が、今、垂井では随分、芽吹きだしたところです。所さんの大きかったところは、今の町長に随分と訓示されていた。合併反対のときのあの迫力は忘れられません。

富山　所さんの理路整然たる迫力は私も目の当たりにしました。

神田　あの迫力で、所さんが提案したことを呑まなかったらリコール運動をするぞとまで言われました。

しかしそこは所さんですから、そうやって脅すだけじゃなくて、次の手をちゃんと打って亡くなられたのです。それが具体的には垂井町のまちづくり基本条例に結実したんです。

所さんが中心になって半分まで作られて、それを作る資料を一式、私に託されました。亡くなる直前の２００６年にその案文を作られています。そして２００７年に亡くなられました。

所さんは自治基本条例案という名前で作られて、何人かの仲間と連名で町長にそれを託されました。

どり運動連絡会」（食と農・林・漁業と環境の国民運動連絡会）代表世話人。１９９０年頃より、有機農法による土作り、水田、果樹園、畑などの農作業にも取り組む。

2006年に所さんが起草された案文は、町民が行政に参加するためのすべてが書かれています。そこはさすがにもと行政マン。

ただ所さんのすごかったのは自分で書いてよしとされずに、名古屋大学の先生に法文として整っているかを確認してもらっています。

私には、「これができれば、垂井町の行政に一本筋が通る。そうすればいろんなことがやりやすくなるんだよ」とおっしゃっていました。私が所さんの言葉で明確に覚えているのは、「行政マンは根は真面目なんだ。だから道筋は住民が付けてやればいい」という発言です。

そのための大きな手段となるのは、自治基本条例。町の憲法になるのが自治基本条例。それを町の憲法として位置付けて、作ればそのあとの垂井町の行政は、住民にとってすごく付き合いやすいものになると考えておられたんですね。

富山　もっともですね。もとお役人だからどこをどうすればいいかをよくご存じだったのでしょう。

神田　押すとこと、引くとこを本当に良くご存じでした。それは国だけでなくて、地方行政もこういうところがポイントだとよく分かっていらして、それで起案して下さった。

それを受けて、2007年に垂井町が、自治基本条例の策定委員を募集しますと動いたんです。そこに私が手を挙げたんですよ。

手を挙げて入ったら、初回の会議の前に担当課長から呼ばれて、副委員長をやってくれと言われたんです。

私はそこでお受けするんじゃなくて、初回の会議で諮った上で皆さんの同意が得られたらと言ったんです。そしたら初回から大もめにもめたんです。よそから来た私のような、しかも、いまでもそうですけど、垂井では50代で若造なんですが、当時、まだ40代ですよ。公募人だけじゃなくて　お歴々が集まって、皆さん、序列、格式を気にされますから。

富山　そこが地域の弱点ですね。

神田　よそものの若造が何故、副委員長に推挙されるんだ。委員長は町外の大学の先生が内定していたものですから、副が実質的にまとめ役になるんですね。だから何故、あの若造がとなるんですね。

というので、対抗馬が立ちました。ただ不思議なことに多数決をしたら、私の方が勝ったんです。皮肉なことに対抗馬に立った方は、所さんの薫陶を受けた方だったのです。所さんの薫陶を受けた皆さんの中で私では物足りないという雰囲気があったんですね。

幸いだったのは、初回もめたんですが、その方とも握手をして、一緒に所さんのご意向を実現しましょうという展開になりました。

富山　良い道筋が開かれましたね。

神田　私は公開と参加で、徹底して私たちが作りますと宣言しました。そして策定プロセスをものすごく透明性の高いものにしたんです。

所さんが偉かったのは、あれだけすぐれた方が自分一人で作るということをされない。プロセスを大事にされていました。そこは所さんから学んだ最大のところかもしれません。

富山　そうですよね。まさに民主主義の原点です。人々が集まれば多様な意見があるのは当然ですから。

条例を丁寧に作りました

神田　まとめるのに約2年間かかりました。条例素案を作るのに。

富山　随分、丁寧に取り組まれたのですね。

神田　しかもその会議数が半端じゃなかったです。策定委員のお歴々にしたら想定外だったようです。ようは役場職員が出してきた素案をシャンシャンとやるもんだと思っていたんですね。

私はとにかく回数を重ねるもんだから、それも公的な会議はすべてオープンにしました。

議事録も全て逐語録でした。ようするに発言に責任を持ちましょうということです。それから傍聴者の声をいれるのは拒否するという声があったので、ペーパーで出された意見は検討しましょうとしました。傍聴に来られた方の意見は審議対象にしましょうとしました。策定委員でなくても意見が言えるような回路は作りました。

富山　多様な回路を作ったのですね。

神田　素案の前文は私らが全部、書きました。行政職員に頼らずに、委員会で作りました。

逐条に関しては項目だけは委員で全部やりました。そして法文については、行政職員に委ねる。この条文は必要だというところまでは全部やりました。

当然、公的な文にする必要があるので、それと役人さんにも矜持があるのでその辺は彼らに任せました。もうひとつは読みやすさ。ですます調でやりました。

素案ができたあとの住民説明会を徹底してやりました。のべ600人くらい相手にやりました。要請があれば出かけて行って説明をするんですね。

富山　それぞれの暮らしの場で説明会を開かれたことは、まさに民主主義の実践でしたね。

神田　だから自治会からＰＴＡまで説明に回りました。もちろん地域のお歴々の前でもやりました。それから役場職員さんの前でもやりました。

議員さんにもやりました。議員さんへの説明の折にはさすがに、委員長にきてもらいました。そのとき、委員長は京大に内地留学をされていました。私も京都の大学で講義を持っていましたから、京都で説明しました。それで意見を聞いて、私が垂井に持ち帰ってやるということにしたりしていました。委員長もすごく後押しをして下さいました。所さんが残して下さった種がそんな形で膨らみだしました。

最後に公聴会、パブリックコメント、それはさすがに町長が責任をもってやることになりました。

さらに議員さんの中で後ろ向きの発言をされる方が３人ほどいたので、そういう方には私が個別に説明に回りました。ようするに全会一致で通すためにやったんです。

富山　神田さんがそれぞれの人たちにコンコンと説明して回ったんですね。

神田　個人として回りました。町長に対して批判的な議員さんたちだったので。町長派かそうでないかというのではなくて、長い目で見て、垂井町のためにということで、説明して回りました。

富山　そのまちづくり基本条例は「ですます調」であることも画期的であると思います。

神田　２００８年に策定委員会が発足して、２０１０年の町議会で全会一致で通りました。

それで一年間の猶予をおいて、２０１１年から施行されました。

少しずつ芽吹いています

富山　それでこれをもとにしてまちづくりに生かされた事例はありますか。

神田　すぐにはありませんでした。それでも住民が主体的に取り組める条文を入れておきましたので、それが5年、６年経って動き出している感じです。

例えば、小学校区単位でまちづくり協議会というのを立ち上げています。２万７千人くらいの人口で７つも小学校があるんです。もともと1町６村だったんです。ですから7つの協議会ができたんです。

富山　とても大変だったと思います。でも垂井町には積極的な方がいらっしゃるのですね。

神田　特に所さんのご出身のところは、旧竹中藩の結束の強い土地で、人口は少ないんですけど、所さんもそうですけど、インテリの方が多いんです。竹中藩の藩風で身分に関わりなく、江戸や京で学べというのがあったんですね。所さんも小学校から京都ですよね。

富山　その種が芽吹きやすい土壌が培われ、蒔いた種を育てる風土が育まれていたのですね。

神田　そういう豊かな土壌のある地域ですね。

今、垂井町という町ではなくて、わが地区で、もっと身近なところで試行錯誤を繰り返しています。まちづくり基本条例は町とついているけれど、もっと細分化しているんですよね。つまり生活圏を想定しているんです。

それがリアルに分かりやすいところなんですね。そこを意識して仕掛けていくと皆さん、「あっそうか。ふだんやっていたことをやればいいんだ」となるんですね。

富山　それは勇気づけられますね。普段やってきていることを、言い方を変えれば、自分たちの生き様を実践していれば芽吹くものは芽吹く、ということですね。

神田　まちづくりって新たな裃(かみしも)を着なくてもいいんですね。

富山　そうですよね。ネクタイしなくてもね。

神田　そうです。浴衣でいいです。

富山　縁側でおしゃべりでもいいんですよね。昔からある「株」とか「結」とかとの関連はどうですか。私はいずれ、丹波の綾部という地域に住むつもりで通っています。綾部にもあると思いますが、新たな人が入りにくいということもあるんですね。一方でその結束に入ってしまうとめんどくさい。いわゆる新住民はのびのび生きられるけど、昔から住んでいる人たちは新住民が知らないどろどろしたことを知っている。もう一つの田舎があると聴いていますが……。

神田　誰しも若いうちはそこから出たいと思うんですよね。でも基本条例を作るときに地区を回って感じたのは民主的やと。地区によって差があるんですけどね。お歴々だけ話を聞いてよしとする地区とそうでない地区があるんですよ。でも地区の総会に全員参加という地区は、一家総出でこられるんですよ。

男尊女卑の風潮は明治以降だと思うんですよ。それ以前の社会が息づいているところっていうのは、まさにいろんな講があるんですよね。そこも上手くやっておられる地区もあるなと思います。

「神田さんの話を聞くための総会は全員参加だよ」と、ただし神社のこととお寺のことは、そこは関係ない人はいいよとやられるんですよ。

富山　はあ、氏子さんとか。

神田　総会は全員なんですね。だれでも発言できるという地区もある。それは宮本常一氏が書き残した「失われた日本人」の世界がそこにあるんですね。地域の決めごとのために夜遅くまで議論する社会が。今風にいうと熟慮の世界ですよ。それが日本の基層文化にはあるんだ、というふうに彼は書きのこすんですよ。

垂井の地区でもそういうふうにやっている地区があるんです。それを所さんがヒントを下さった。道筋をつけて下さった住民主体のまちづくり、地域づくりを上手く持って行って、乗っかれば極めて民主的な地域ができるんじゃないかなって、そのときに思い浮かんだんですね。

条例は仕組みや制度を作るものです。実体として住民がそれを上手く活用できなければ絵にかいたモチになってしまう。所さんののこしてくださったところに今、土を耕しているところです。そして今、芽吹き出したところです。これから水をやり、肥しをやり、大きくしていく中で、もともと土が持っている力を育てていきたい。

地域が少しずつ育っていくと思います

神田　所さんの生誕一〇〇年をきっかけに、これから所さんが描いていた地域が見えてくると思います。

富山　垂井はそれだけの活力を持った地域ですよね。かつては、先人たちの残したものは日頃表に見えてこないけれど、日々の暮らし、生業の中で丁寧に伝承されていたのだと思います。

神田　私の住んでいる地域は所さんとは違う地域ですけど、そこは昔の村と新興住宅地が一緒にある地域なんですよ。条例ができてから、私、すぐＰＴＡ会長をやったんです。それでそこのまちづくり協議会の役員に入ったんです。制度設計に関わって、新規事業をできる部門を作ったんです。ＰＴＡ会長を一年間だけやって、その次、くじ引きで自治会長が当たりました。

富山　くじ引きで自治会長というのは、興味深いですね。

神田　協議会の役員に自治会長も入るので、ＰＴＡ会長のときに提案した新規事業を立ち上げる部署に手を挙げて入って、それで新規事業を立ち上げると言って、今、防災事業を立ち上げています。

富山　どんな形で展開されましたか。

神田　まず新規事業を立ち上げられるという部署を作っただけです。いわゆるお歴々が考える部署だけではなくて、新しいことをやりたいという人が出てきたときにサポートできる部署を作ったんです。

富山　芽吹いたものを育てるきっかけを作ったのですね。

神田　そのあと、垂井町がそういう事業に予算を付ける制度を作ったんですね。上限は10万円ですけどね。

そこで手を挙げた時にまちづくり協議会の新規事業に位置づけると、神田個人の提案ではなくて、地区の提案になるんですよ。

私の住んでいるところは、８千人の人口で垂井町で一番、人口の多いところなんですよ。８千人の地区の提案だから垂井町もむげにできない。
まちづくり基本条例の策定委員が17人いて、その中で真剣に議論した人たちは、各地区のまちづくり協議会の役員に入っているので、そういう人がいる地区の協議会は、やっぱり似たようなことが起こってきています。

富山　よい連鎖反応ですね。

神田　もちろん私よりずっと高齢の方で、70代、80代の方たちでやる気のある人は、そういうことを始めておられるのです。
最近も言われました。「お前のところは50代のお前が中心でやっとるから先は長いけど、オレはもう後期高齢者やから、これやって疲れてきたで。誰か若い者にバトンタッチしないとあかん」。

富山　今や60代が若いんですよね。老いも若きも自立・自律した市民として生き抜きたいですね。

神田　まちづくり基本条例の前文がそれです。二つの自立・自律です。まさに所さんさんから引き継がせていただいた。それが入っているから、二つの自立・自律って何やというところから議論が始まるんです。

それは強いリーダーが引っぱってくれるのではなくて、誰かがやってくれるのではなくて、自分たちがやるというところからスタートするんです。ですから国の流れとま逆になってくるんですね。

私ら世代が一番、弱くって、同世代を見てて本当に不甲斐ないのは、強いリーダーが引っぱってくれればいいんだ、という傾向が強い。

そうじゃなくて熟議で、自分たちの言いたいことを言うけど、言ったことには責任を持つ。そういう仕組みを作っていく。経験を重ねていく。そういうことをやらないとえらい世の中になっていくと思うんです。

所さんから教わったこと

富山　所さんは摂理と節理という言葉もよくおっしゃっていました。二つのセツリということをよくおっしゃっていました。

摂理と言ったとき、万物、私たち人間も生き物ですけど、そういう生き物の広い広い世界的視野、地球の問題、宇宙の問題を、摂理というのかなと思うんですよ。

節理は、そのなかでいろいろありますよね。一人ひとりが良い条件の土地を欲しいとか、暮らしの中でいろいろありますよね。お互いがよく話し合って納得しあっていく、命という全体の視点から見たのと、節理は暮らしの中でいろいろケンカもすることもあるが、最後には笑顔で納得していく。

神田　それから共生も最晩年に言われていました。もともと生物学でしか使わなかった言葉を使いだしたのは、自分やとおっしゃっていました。それをみんなが、流行語のように使いだしたから、うれしいねって。

富山　私は所さんがお書きになられたものをもう一度、読み返して、気がついたんですよ。先見性があるなと思いました。そして、エライのは私が！私が！っておっしゃらないんですね。

神田　そうですね。おっしゃらないんですね。後々広がったら、そらうれしいねって言われているのですね。

富山　謙虚な方ですよね。

結びに替えて

神田さん、ありがとうございました。

垂井町という地場で、培われた智恵と行動力を存分に発揮されている神田さんの清々しい生き方に大きな拍手を送ります。そして、所さんの存在の大きさを改めて噛みしめ、所さんが種を蒔いて下さったご縁を共に豊かに育てていきたいと思っています。

最後に、読者の皆様にお伝えいたしたい、所さんが遺された「ゲン六則」等をご紹介して終わりにいたします。

所さんが農林水産省を退かれて立ちあげた養鶏等、畜産に関する事業の名称は「ゲンコーポレーション」。この名称は、所さんが提唱されている「ゲン六則」に由来し、「ゲン」は源であり玄（天を意味する）であると所さんは説明されています。その深い志をご自身の「生業」のなかでも清々しく実践されてきた生き様に、私は感動いたしました。

「ゲン六則」は、以下のように説明されています。

① 天の則＝一にして多
② 還の則＝多にして一
③ 動の則＝入りと出のバランスを保つことの必要性
④ 衡の則＝動的平衡が保たれている秩序（※4）
⑤ 和の則＝和という文字を分解してみると、左側は穀物を意味し、右側は口である。従って、一つ釜の飯を食べることを意味しているのではないか。つまり、内面的な連帯を意味している。
⑥ 信の則＝信は、右側が「ひと」、左側が「ことば」。つまり、個体と個体の良好

※4 福岡伸一さんは、その著書（『新版 動的平衡 生命はなぜそこに宿るのか』２０１７年６月初版第一刷発行、小学館）で、動的平衡とは、「合成と分解、酸化と還元、切断と結合など相矛盾する逆反応が絶えず繰り返されることによって、秩序が維持され、更新されている状況を指す生物学用語で、私が生物学者として生命を捉えるとき、生命を生命たらしめる最も重要な特性だと考えるものである」と述べておられる。

な関係を意味している。

ついで、ブックレット『生命をつなぐ〝食と農〟～「食の基本法・試案」討論のために～』(食の自給と安全をめざす基本法制定のための全国行動〈ふーどアクション21〉発行)の「はじめに」の一部をご紹介しましょう。

限られた地球の扶養力の中で、みんな仲良く生き続けるにはどうしたらいいのか。これが、いまの人類に与えられた最大の課題です。私たちが「食の基本法」を提案しようとしているのも、基本的にはこの課題に応えるためです。

人間が持続的に生きるためには、それぞれの地場(生活圏)で3つの安全保障が維持される必要があります。

第1が、「食の安全保障」です。食の安全保障というのは、安全な食べ物がいつでも手に入ることです。第2は、「生態系の安全保障」です。生態系の安全保障というのは、人間や他の生きものや自然との関係がバランスを保ち、また、水の流れなどいろいろな物質の循環が滞らないことです。環境の安全保障ともいえます。第3は「社会の安全保障」です。社会の安全保障というのは、例えば、都市と農村のバランス、今の世代と後の世代とのバランスが生存のための必要充足の面で正しく保たれている、というようなことです。

この3つのそれぞれについて、生存(サバイバル)のための最小限の基礎的必要量

（生存相当量）（※5）が、それぞれの生活圏で充たされなければなりません。
日本の憲法は、健康で文化的な最低限度の生活をする権利、つまり生存権を国民に認めています（第25条）。世界中の人々の、どの生活圏（国）でもこれが認められる必要があります（後略）。

この「はじめに」は以下のように結ばれています。

世界や地域、そして自分自身をしっかりと見つめつつ、みんなが共にある「ふーどアクション21」は、子どもたち、次世代に結びつく実り多い歩みになっていくことを私たちは確信しています。

「ふーどアクション21」は、残念ながら2015年2月に解散いたしましたが、私は力不足ながら、仲間たちと共に、所さんが提起された課題を、より多くの人々と共有していくことを期しています。
このアクションが切り拓いてきた道筋を、それぞれが生きる地場（生活圏）で、自立・自律した生活者として踏み固めていきましょう。

※5　所さんが提起された概念。所さんは、「生命維持水準─生命・健康を維持するための基礎的必要、そして文化水準─人間及び当該生活圏の特異性（らしさ）の水準、例えば伝統・習慣・生活様式に現われているものの総量である」と説明されている。

第9章　東南アジア、そして足元から考えはじめました

対談（後編）　神田浩史×富山洋子

富山　神田さんが提唱する穏豊という言葉は、これこそ平和の象徴ですよね。この言葉はどんなふうに導き出されたのですか。

神田　ギスギスした競争社会、金銭的な欲望とは違う概念を言葉にしたいなと思っていたんですね。それが一つ。

もう一つは、ボクは90年代に東南アジアにしょっちゅう行っていました。東南アジアにおける収奪構造の現場を見ていました。それを日本に置き替えると農山村が都市にされていたことと同じやぞ！　だから国内でもそういう問題が大きいと考えるようになりました。

国内外を問わず、そういう関係性を常に頭に思い描いています。収奪構造の行き着く先として、都市もまた貧困化しているんですよね。

競争、競争と言ってモノを多く消費する社会とは違って、適度に消費をする、そういう社会をイメージするときに浮かんだ言葉が穏豊（おんぼう）でした。

富山　これはとてもいい言葉ですね。貝原益軒が清貧といっています。私はね、国民学校で修身の時間で教えられた貝原益軒は鼻持ちならない人だと思っていました。しかし成人して残された著作を読み、清貧という言葉の真の意味を理解できるようになりました。

貧しいという字は、貝を分けると書くでしょ。だから清々しく分けるという意味ですね。でも穏豊の方がもっといいですね。それに禾偏（のぎへん）は、穀物、農業を表していますね。下の豊は豆ですね。豊かな社会を想起します。

この穏豊という言葉の発想は、所さんとの出会いが大きかったのではないかと思いますが、所さんに出会われたのはいつ頃なんでしょうか。

神田　所さんの書かれたものを最初に手に入れたのが、1990年。法政大学やったと思うんですけど、すごく大きな市民運動のイベントがあったんです。

私はその頃、NGOというものに接した直後くらいでした。だからそういう場にせっせと行っていたんですね。時期的にはリオの地球サミット向けのイベントだったかもしれません。

そこで食料問題の分科会かなんかで、その時に渡された資料の中に所さんが書かれたものがあって、所秀雄という名前を知りました。
当時、新聞ではGATTウルグアイ・ラウンドから日本の農業を守れという記事しか見られなかった。そうか、日本の農業は大変なんやと思っていました。所さんが書かれたのをみたら、「世界の食料」はと書かれていて、ボクは目からうろこでした。

富山 そうなんですよね。地球規模の話なんですよね。

神田 食料を自由貿易の対象にすると、よりお金のあるところに食料が偏在化し、飢餓を増大させると言うんですね。

富山 私は1997年ころ、竹内直一さん（元日本消費者連盟代表）を通じて所さんと交流が始まりました。そのころから一緒に行動をするようになりました。
所さんの書かれたものは非常に刺激的であり、かつ分かりやすいものが多かったのです。

神田 ボクにとってみればそれが強烈でした。
というのは、ボクは80年代にアフリカでODAの仕事をしているんです。タンザニアやナイジェリアで食料増産の仕事をやっていました。あまりにも無茶苦茶な事業に関わらされていました。悶々としてその仕事を辞めた直後に所さんのそういう文章に出会ったのです。すごい人がいるんやなと思いました。思いながらもお目にかかることもなく、名前だけが記憶に刻まれていました。所さんの言われることをあちこちでオウム返しのように話をして回っていました。

１９９５年にＡＰＥＣが大阪であって、ＮＧＯの会議の責任者に祭り上げられました。あの時はまだＷＴＯが始まった直後です。食料の問題は自由貿易との兼ね合いで大きな問題になっていて、所さんの書かれたことを自分なりに消化しながらあちこちで話していました。そんなことがあって、名前だけは、ずーっと頭の中にありました。

富山　神田さんが直接所さんから教えていただいたのは？

神田　直接、お目にかかったのは２００３年でした。２００７年に亡くなられて、最後の一年は病に伏せられていましたから。いろいろと教えを受けたのは、正味2年間です。

富山　そうなんですか。神田さんが提唱された穏豊という言葉は、所さんの目指しておられたことを的確に捉えておられると思います。所さんはとりわけ水の問題に関心を持っておられた。

神田　偶然ですね。今、法律が通ろうとしています。水道の私営化という話が、

2000年、オランダのNGOからカナダのNGOを経由して入ってきました。最初、ピンときませんでした。水道の私営化？　何それって感じです。

2000年にオランダのハーグで第2回世界水フォーラムという会議がありました。その会議の閣僚会議で水道の私営化の推進が謳われたんですね。民間企業も水道事業に参入するということが世界の水問題の解決に資する、とされたんですね。

それについて、オランダやカナダのNGOから「とんでもないことになる」との声が届きました。

なぜ、ボクらのところに来たかというと、2003年に第3回水フォーラムが日本で開催されるんです。だから日本のNGOに食い止めてくれと来たんです。それで急ごしらえで水道の私営化ってなにや、というところから始めました。そしたらヨーロッパや中南米でひどいことが起きていることが分かりました。水道料金がどんどん値上がりするとかね。水質が悪化するとか、大変な問題が起きていることを知りました。

それで2000年の終わりくらいに、会議を京都、大阪でやると決まったんです。日本政府は国土交通省が受けてやることになっていました。ちょうど河川法が変わった直後で、河川法にはじめて住民参加が謳われたんですね。98年の河川法改定の中でね。環境への配慮や住民参加が謳われるようになったんです。それで水のことをやるなら住民参加で、と考えていたんですね。

一方、NGOの先達たちと話していたら、それじゃこちらもちゃんとしたネットワークを作って対応しようじゃないかとなったんですね。

それでテーマが水だから、そういえばお前、大学の専門は水だったから、お前やれとなったんです。

それで私がそこのネットワークの事務局長にさせられて、国土交通省からも、本会議の事務局にも入ってほしいと要請がありました。

だから、NGOの事務局長もやりながら、国土交通省の作ったフォーラムのための組織の事務局次長もやっていたんです。

富山　すごい！

神田　水道の問題は、国内のことは油断していましたね。海外の流れがどんどん再公営化になっています。それなのに安倍政権は水道法の改定を目指しています。（※1）

民間に水道事業を売却できるようになってしまいます。

ですからグローバル資本にしたら、日本は草刈り場になってしまいます。風前の灯だけど、この国にはお金はある。それだから日本から金だけはむしり取ろうとしてるんですね。永田町のあの年老いたおぼっちゃまたちは、そのことに気が付いていないだけじゃなくて、手先にされているんですよ。あそこまで世間知らずだとグローバルな資本は利用し甲斐があるわけです。

水のことは、もう少し発信、発言していく必要があります。

※1　2018年12月6日、第197臨時国会の衆議院本会議において、「改正水道法」が可決され、成立した。

富山　リニア新幹線でもあんなに山をくりぬくとバチがあたりますよ。でもそのバチは、一生懸命生き抜いている私たち始め人間、その他の自然の中で生きている一つひとつのいのちにあたえてしまうのですよ。

神田　直接の被害は、静岡の安部川流域の人たち、長野の大鹿村の人たちなどに、声を上げている人たちに行ってしまう。そういうおぞましさがある。永田町にいるあのボンボンたち、多分、幸福じゃないでしょう。

富山　言葉の使い方が不遜だし、「カネ」を求めて卑しい行動をしてますよね。あくどいやり方には容赦しません。あと穏豊社会ということでいろんな具体的になさっていることをうかがえたらなと思っています。

アジアモンスーン地帯という共通項

神田　90年代に東南アジアとか海外の会議に行く機会をよく作っていただいたんですね。

今ならNGOの職員が一杯いますよね。私は職員にさせてもらえなかったけど、使い勝手がよかったんでしょうね。旅費の実費を出したら行くヤツがおるよと、しかも一応、理系なんですよね。当時、日本のNGOは文系の人ばかりなんですよ。経済学部とか法学部の人ばっかりでした。理系の人間が圧倒的に少ないわけですよ。

ところが開発の現場では理系の人間のニーズがあるんですね。例えば、ダムの構造とか理解しなくてはいけない。ボクらにしたら分かっていることでも多くの人にしたら図面を見てもわからんことばかりですから。

「図面の情報公開があったけど、これが何のことかわからんから来い」とタイのNGOが声を掛けてくれるんですよ。「それで旅費の実費だけもろたら行くわ」ってなるんです。

そんなんで使い勝手がよかった。ボクも行きたかった。80年代のアフリカでの失敗というのがあるので、それで行きたいというのがあったんですね。有無を言わずに出かけるようにしていたんですね。

そうするとタイでもフィリピンでも、インドでもそうでしたけども「アジアモンスーンの共通項」という言い方をするんですよ。

「流域単位の循環型社会だよね」って、さらっと言うんですよ。

それでタイのチャオプラヤ川流域とかメコン川の流域とかをボクは調査をして回っていたんです。流域に注目して回っていたんですよ。

そこでふと思い出したんです。ボクは京都の桂川という川のほとりで生まれて育ったんですね。祖母の頃までは、薪炭業だったんですよ。戦時中はガス薪屋と言ったそうです。

ボクが生まれる少し前まで、１９５０年代まではやっていたんですよ。本家が材木屋なんですよ。本家の叔父が亡くなる前に聞いたのは、上流から材木を桂川で筏にして流して、その到達点が桂浜だったそうです。桂津とも言ったんですね。そこで本家が材木屋をやっていました。

薪とかホダを積んでくるのを隠居（分家）に譲って、分家はそれを商いして、本家はよりお金になる木材を商いする。炭も扱っていたそうです。うちはそれを商いするだけですけどね。

桂川の流域の地名は、子どもの頃から教えこまれていました。

富山　どんな地名ですか？

神田　ホウヅ、保津ですね。最上流から流れてきた筏を組み替えるのが保津なんですね。ここで筏を縛り直して、保津峡という急流を流していくんです。保津峡を抜けたら、最初に来るのが嵯峨津。渡月橋の南側です。今の嵯峨美術大学のところが貯木場でした。その下が梅津です。桂津というのがうちのところです。ここで京都市内へ持って行って、余ったものは大阪へ持って行くんです。大阪からの物資も舟で上中流へと運ばれてくる。

そんな循環が当たり前のようにあったんです。

富山　真っ当な生業をしていれば、豊かな循環が保たれるのですね。

神田　その循環に興味を持って、第三回世界水フォーラムの準備期間に桂川の上流から下流までを訪ねて回りました。それが縁で桂川流域ネットワークという団体の代表を大分、長いことやらされました。

桂川の源流域に花背、広河原というところがあります。そこは女性グループが非常に元気です。その人たちに教えてもらったのは「シモみて暮らせ」。要するに「下流のことを考えて暮らせ」ということです。

彼女たちは子どもの頃からずーっと言われてきたから、「合成洗剤なんか使ったことない」。まさに合成洗剤追放運動の先駆けです。

桂川の上流域では、家庭排水を直接川に絶対流さない。家庭排水を一度、池に流しこみます。そこには魚が泳いでいるんですよ。ようは食べ物の残滓（ざんし）は底に沈んで魚のエサになるんです。上澄みだけが、川に流れる仕組みになっています。

当時、最後の筏師さんが生きてはりました。

2002年に話を聞きに行きましたね。80歳代でした。川のそばで30人くらいで話を聞きました。

京都以外の出身の学生さんは、そのおじいさんが何を話しているのか、全く分からないのです。ボクが通訳をしてました。べたべたの方言ですから。その時、分かったのは、筏師さんは花形の商売やった。やりたいと思ってもなかなかなれんかった。すごく過酷なんですね。冬の仕事なんですね。春から秋にかけては、農業用水をとっているから筏を流せないんです。水位が下がると本流にも堰が立つんですね。水流に勢いがなくなるんです。9月の下旬になって農業灌漑が終わったら、まず河道の整備をするんです。筏を流すための水位が保持できているか。土砂がたまっていないか。それで水の中を歩いて回るんです。

富山　じゃ筏師さんには洪水が来るのはすぐ分かるのでしょうね。

神田　山の様子が変わったらすぐ分かるって言っていました。大丈夫やというのを確認してようやく冬に筏を流すんです。それで10連くらいだから、すごく長いんですよ。それも全部、山の蔓でつなぐんです。

富山　すごいですね。まさに熟練の業ですね。

神田　10連を2人で流すんですよ。先頭に若いのが乗って、後ろが操作するんです。だから後ろが花形なんです。前は様子見で何か危険があったら後ろに言う。後ろがしっかりしていないと座礁して死ぬ恐れもあるんです。

ガソリンを一滴も使わなくても何十トンもの木材を流せるんです。

1955年に日吉に世木ダムができるんです。関西電力が発電用に作るんです。桂川の筏が終わるのはその時です。だからうちのばあちゃんの話と合っています。そのころまでは、うちは薪炭業なんです。薪炭が売れんようになったので、廃業したんです。これがアジアモンスーンの流域循環コミュニティーと重なるんです。

揖斐川で同じように調べて回ったら構図は同じなんですよ。ここもすごい循環型社会だったんですよ。上流に豊かな山があって、中流に田畑があって、下流に町や漁場がある。

揖斐川の上流はもともと薪炭林だったんです。戦前は広葉樹ばっかりでした。炭窯がいっぱいありました。それを知り合いの人たちが復活させています。揖斐川の上流は薪や炭が豊富でした。このあたり中流は田畑が豊かなんですよ。そして下流は桑名ですよ。ハマグリの産地です。

それで詳しく流域を聞いて回りました。それが桂川のときよりも強固なネットワークになってきました。環境省のお金で環境教育の教材を作ったり、去年は高校生を連れて一泊二日で流域を全部、見て回るというツアーをやりました。今年はそれを小学生でやるんです。ＮＰＯ泉京・垂井として提案して、環境省の資金でやるんです。自分らでいくつもの高校を回って、生徒を2、3人ずつ出してもらいました。その事業は3年目になりました。1年目は教材を作って、2年目は高校生でやってみて、今年は高校生がガイドをして、小学生を案内するんです。

富山　ワクワクする話ですね。

神田　地元の高校からも何人も来てくれて、はじめは戸惑っていますが、それが学ぶ方法が変わると生き生きしています。お年寄りの話を聞いて回ったり、最下流で若い漁師さんと膝詰めで話をしたり、そんなことをやっていたら高校生もおもしろいんでしょうね。「今年も行きます」って言うてくれています。今、そんなことを仕掛けています。どんどん次世代へ継承しなくてはいけないですね。ボクはぎりぎりでばあちゃんの話を覚えていたのと東南アジアのNGOのおかげでつながったんです。

最初に環境省に提案したときには、キョトンとされました。

特に90年代の東南アジアは、50年代の日本の山村と似ていたんだと思います。子どものときに聞かされていたばあちゃんの話がちょうど50年代より前の話です。それと東南アジアの話が合っているんですね。子どものときは想像しにくいけど、東南アジアでは当たり前のように船が行き交いし、物を運んでいて、循環をしているんですよ。それがダムができると壊れるからと地元の人たちに呼ばれて行ってました。もともとその循環を大事にしている人たちがいるんだいうことを船に乗せてもらって知るんです。こんな暮らしがあるんか。半世紀前の日本もこうやったんやなと思いました。

富山　私なんかも祖母からコメのとぎ汁なんかは、じゃーとながしちゃだめだ、それは植物にやるんだとキツく言われました。水を無駄遣いするのは、すごく叱られた。

神田　その辺をエッセンスだけでも継承するのは大事やなと思います。

最初、環境省は環境教育の拠点を作りたいと言ってきたんですが、ボクは揖斐川流域全体を拠点にするならば、手伝うと言ったんです。最初、環境省はそれがピンとこないんです。「出来っこない」って言うんですね。

ボクらとしては、「県またぎの事例だから国と一緒にやるんだ」と主張しました。三重県と一緒にやるんなら、「分かった。やってくれよ」となりました。

環境省も1年目の中ごろからすごく変わってきました。「これはすごい」と言い出して。最初は懐疑的やったんですよ。あまりにも広域やし、彼らにしたら流域の様子も良く分からなかったんです。そんなに広い範囲で人がつながれるんか、とイメージがつかめなかったんですね。逆なんですよ。上流で語ってくれる人は、必ず中流の人のことを話すんですよ。それを意識して暮らしていると話されるんですよ。中流、下流の人たちは、みんな上流の雨の降り方を意識して暮らしているんですね。「上流の人たちの暮らしが成り立たないとわしらの暮らしも成り立たん」と言われるわけですよ。

富山　上流、中流、下流とそれぞれが、お互いを思いやる。それが穏豊なんですよね。

神田　ハマグリ漁師さんなんかも「上流に木を植えに行かないかん」と滔々と話をしてくれるんですよ。今、桑名のハマグリ漁師さんは、30代、40代がいっぱいいてね、若いんですよ。20代の新規就漁とかの子もいるんですよ。

出漁日も週何日しかダメだと厳格に決まっているんですよ。収量も決まっていて、収量を超えたら、アウト。ですからシジミはここまで、ハマグリはここまでと決まっているんですよ。自らルールを決めて、やっているんです。そのルール、申し合わせも先人からのものをずーっと守っているんですね。

高校生もそこへ行くと「エッ」ってびっくりするんです。それはそうですね、高校生にしたら、知らん仕事ですからね。

その事業をやったことで、上流、中流、下流の人たちも初めて顔合わせになったんですね。お互いに見えないんだけど、慮（おもんぱか）っていた人たちの出会いがあったんですね。そこに次世代が入ってもらうことで継承の可能性を作っていく。

地域に入り込む　地域で生きるということ

神田　揖斐川上流域は、野草の宝庫なんです。

伊吹山の東側に、これは伝承ですが、織田信長がバテレンからもらったハーブの種を蒔かせたと言われています。伊吹山の東側は本当に薬草の種類がすごいんですよ。そこの集落のじいさん、ばあさんと一緒に歩くと薬草の効能を事細かく解説してくださいます。

いろんな薬草が干してあります。

それが垂井から見たら、一つ、山向こうなんですよ。だからそこの薬草は、垂井宿まで運んできて、集荷場で売りさばくんですね。それで西隣の滋賀県に薬屋さんがようけあるんですね。近江商人に売り渡すという流れがあるんです　少量多品種なんですね。

今は、大きな製薬会社が相手にしなくなりました。安い中国産が入ってきています。地元の薬草に目を付けたお菓子屋さんがあります。地域の物を使ってなんかしたいというので、クロモジ（※2）のクッキーとか、いろんなものを作っています。その薬草を乾燥させて、それをお茶にして、カフェを開いた女性がいてたりします。

富山　ワクワクする話が続きますね。

神田　そこへ行くとものすごい種類ですよ。和製ハーブティーですね。二つとも流行っています。揖斐川町です。お弁当も頼めます。「完全に地場産で」という弁当を高校生たちが食べます。サワアザミとか、固有種で春日豆ってあるんです。インゲンに似た大きな種類です。そういうものを使って弁当を作ってもらって、高校生に食べてもらったら、みんな大喜びでね、すごい反応でした。

「美味しい、美味しい」ってね。流域の高校生だけど、実際には食べたことのない食材ばっかり入っているんですよ。親世代もその素材を料理したことがないんですよね。その食材を使って起業する人たちが出てきているというのが面白いですね。

ボクらは起業支援もやっているんですよ。新しく起業したい人たちの講座もやって

※2　クスノキ科の落葉低木。果実は、小球形で熟して黒くなる。材は香気をもち、つまようじや箸となる。

います。この講座のポイントは起業するだけではなくて、地域社会への入り方も一緒に考えます。これには、わたしも何度も失敗しているんですね。どんなにそこに住みたいという気があっても、地域の見えざるルールが理解できないとだめなんです。地域には、いっぱいルールがあるんです。地域の人たちは相手を見て語りだすんですよね。本気でここで住むぞ！っていう人間には伝授してくれるけど、腰掛けだと見られたら、そう簡単にはいかないですよね。

垂井でもそうですけど、集落によってルールが全然違ってくるから、そこをどこまで理解して折り合えるかが大事。もちろん全部、折り合えるとは限りませんが。でも理解しないことには、折り合い点が見いだせない。

隣の町の一番、難しい地区に入った友人がいます。多分、地域的に難しいなと思えるところに入って、自然農という難しいことをやっている友だち夫婦がいるんですよ。彼は40代です。ところが彼らは、すごく上手くやっていて、その彼を呼んで話を聞く会をやったんです。結構、人が来てくれて、20人くらいかな。前半、彼が話してくれて、後半、ボクが聞き出すんです。

大事なのは、水利権とかを自分はどう理解していったのかとかね。そこまで語ってくれました。

赤裸々に収入まで言ってくれました。収入は野菜を売った収入よりも農業体験の収入の方が多い。自然農体験をしたいという人がいっぱいいるんですよ。彼は発信力があるんで、農業体験を一年コースで募集をすればすぐいっぱいになるんですよ。話も上手ですね。
そして彼は神職の資格を持っているんです。神主ですね。アルバイトができる。もう一人の友人はフランスに二十数年いて帰ってきたんですね。彼は、実家の神社の空いた古民家でフランス人相手の民泊を始めようとしています。地元のお年寄りと組んで、みそ作りとかの体験プログラムもやろうとしています。

多業です。一つだけを生業とするんじゃなくて、いろいろやって生活をしていく。自然農だけで稼ぐのは難しい。体験型の農業と神職というベースラインの仕事を持っているのが大きいですね。今度、大きな家に変わって農家民泊を始めると言っています。

こんな例もあります。来週、ここでお話し会をやるんですけど、京都で人気を博したスープカレー屋さんが、十数年前に岐阜県に引っ越してきました。南の方で営業していたんだけど、誰も来ない。彼ら彼女らは西陣でやっていて、行列が出来て、そういうのが嫌いな夫婦なんですね。子どもができて田舎暮らしがしたい。岐阜県の南部に来たんです。北海道出身の夫婦なんですけど、地域での軋轢(あつれき)がすごくなっていたんです。ボクが知りあった頃、そんな相談を受けるようになりました。ほんで「垂井に来たら」って引っ張って、垂井で4年間やってくれたんかな。垂井では、地域の入り方も話しながら入ったんで、上手くいった。ところがまた行列が出来るようになったわけ。そしたら、揖斐川の最上流まで引っ越してしまって、ところがそれでも来るんです。本当に美味いカレースープなんです。

今、店は週一回で、あとはイベント出店なんですよ。土日はイベント出店なんです。木曜日、一日だけやっているんです。その夫婦は、夫はスープカレーを作って、妻は機織りなんですね。この夫婦は30代なんですね。スープカレーの出店に行きながら服も売ってるんですよ。一点物の品物だから売れるわけですよ。それと家族でバンドをやっていて、それも有名になってきています。

揖斐川の源流の集落に一軒の機屋さんがあって、そこの機屋さんが亡くなられて、織機が6機もある家が空き家になっていたんですよ。そこに入ったんです。体験機織りもやっています。

そのご夫婦は「垂井に来て、地域への入り方を教えてもらったから今がある」と言ってくれます。理解の早い夫婦だから、垂井に住んでいたころは周辺とのトラブルは起きずに済んでいたから、一つの自信になっていたんですね。より縛りのある地域社会に入っていっても、大丈夫。

富山　この地域の入り方という言葉は重いですよね。地域への入り方を会得しておくと心強いですね。

神田　こないだも別の友だちが来て、こんな理不尽なことがあると、ここに来てぶちまけていくんです。でも戻ったらそんなことは顔には出さない。

彼は、住んでいるところで違うことを率先してやるけど、押し付けない。気づく人は気づくって言うんです。

その彼も社会問題をよく分かっているんだけど、地域では、そこをワーッと言うんじゃなくて、ここでぶちまけて、地域のお年寄りの前ではそんなことは一切言わずに地域の共同作業なんかのときに「私はペットボトルは持ってこない」みたいなことをぼそっと言うんですね。いまだにペットボトルなんかを野焼きする人がいるんですね。それをそういうときに言うんですね。それをその相手にやれとは言わないし、垂井でもペットボトルの回収はやっているんですね。4年、5年と経つうちに回収の日に出す人が増えてきたと言うんですね。プラスチック製品を燃やしていても、直接注意するんじゃなくて、地域の草刈りの日にペットボトルのお茶がでたら、「この辺は揖斐茶のいいのが紙パックであるね」って言うんですね。「そういえば集会場に大きなヤカンがあるから、それでお茶を沸かしたらどうかね」って言ってみるんですね。自分の当番の時にそういうふうにするとかね。

富山　地域への入り方は大切にしたいですね。なかなか含蓄のあるお話ですね。

神田　結局は所さんの教えなんですよ。

ボクは所さんのところに2年間くらいしか通わなかったけど、所さんに言われたのは「この歳になって初めて地域の人たちっていろんなことを考えているのが分かったよ」って言われたんです。要は地域の寄り合いに出るようになったから。東京や岐阜市にいたころはそういうところに出たことがなかったんですね。会うのは会社の人間、役所の人間、ＮＧＯの人間。もしくは気の合う仲間。

最晩年、篠笛をやってらっしゃったしね。それが好きやからというのもあるけど、地域の人らと話ができるから楽しいと言ってらっしゃいました。地域の人らと話をするのは楽しいと、発見があるとおっしゃっていました。

所さんにそんなことを聞いていなかったら、ボクはまだまだとんがっていたかもしれない。こんなすごい人が地元へ帰ってきて暮らしているんや。80代の後半になって「発見や」って言える。すごいですね。

あとがき

この度、ロシナンテ社のご好意で、『月刊むすぶ』（同社発行）に掲載された「私たちは鬼になる」及び神田浩史さんとの対談をまとめた文章が、本として発行される運びとなりました。

日本の社会通念では、鬼は悪さをする存在であるとされてきています。しかし私は、権力に追随せずに生き抜いていた自律・自立していたまつろわぬ民が鬼として阻害されていたのではないかと捉えています。

２０１１年9月、明治記念公園で開催された「さようなら原発5万人集会」（17万人が結集）での武藤類子さんの「私は東北の鬼になる」とのご発言には、万雷の拍手が響き渡りました。

本書は、筆力不足ではありますが、まつろわぬ民の闘いの記録であり、とりわけ「足尾銅山」の鉱毒に対して果敢に闘った人々の記述に多くの紙面を割きました。

足尾銅山による鉱毒問題は、まさに「公害」の原点であり、政府と資本が結託した悪辣（あくらつ）なる悪巧みによって惹きおこされました。田中正造は、衆議院議員の職を辞し、谷中村の一人の住民となってこの悪巧みに立ち向かいました。

以下は、荒畑寒村の『谷中村滅亡史』（岩波文庫）における記述です。

日露戦争中、谷中村からは、五十人余の兵士が徴集されており「己が墳墓の地を滅ぼし、父母兄弟を流離せしめたる国家、政府のために、讐(あだ)も怨念もなき露国の同胞と戦ひて、空しく命を鋒鏑(ほうてき)に暴(さ)らさしめた。

無念にも谷中村は、国家・資本によって滅ぼされてしまいました。しかし、毅然として生き抜いた人々の真っ当な意志は、今を生きる私たちを励ましているのではないでしょうか。共に、自律・自立した市民として、果敢に生き抜いていこうではありませんか。

最後に、ロシナンテ社の四方哲さん、ご多用中、対談に応じて下さった神田浩史さん（岐阜県垂井に在住）に深く感謝いたします。

富山　洋子

２０１９年　初夏

著者略歴 ———— 富山　洋子（とみやま　ようこ）
1933年岡山県生まれ
1974年、東京・世田谷区において、原発建設反対を掲げ「旧料金で電気代を払う」運動を、「消費者運動」として展開。現在、日本消費者連盟の顧問を務める。

神田　浩史（かんだ　ひろし）
アフリカなどでODAの農業開発事業に従事した後、NGOベースで東南アジアなどの地域調査に従事。それらの経験を基に永続可能な社会のあり様を『穏豊』と称し、岐阜県垂井町を基盤に揖斐川流域の循環型社会の再構築に取り組む。

おんなたちは鬼になる
消費者運動、原発、平和

発行日……………………2019年6月20日　初版第1刷発行
著　者……………………富山洋子　神田浩史
編　者……………………ロシナンテ社
E mail：shikatasatoshi@gmail.com
発行所……………………㈱解放出版社
〒552-0001　大阪市港区波除4-1-37　HRCビル3階
TEL.　06-6581-8542
FAX.　06-6581-8552

東京事務所
〒113-0033　東京都文京区本郷1-28-36
鳳明ビル102 A
TEL.　03-5213-4771
FAX.　03-5213-4777

装幀　鈴木優子
レイアウト・データ作成　有限会社紙書房
印刷・製本………………モリモト印刷株式会社

定価はカバーに表示してあります。
乱丁・落丁本はお取り替えいたします。
ISBN978-4-7592-6788-4　NDC361　132P　21㎝

Printed in Japan